MELHORES
POEMAS

Menotti del Picchia

Direção
EDLA VAN STEEN

MELHORES
POEMAS

Menotti del Picchia

Seleção
RUBENS EDUARDO FERREIRA FRIAS

São Paulo
2004

© Casa Menotti del Picchia, 2003

Diretor Editorial
JEFFERSON L. ALVES

Gerente de Produção
FLÁVIO SAMUEL

Assistente Editorial
ANA CRISTINA TEIXEIRA

Revisão
CLÁUDIA ELIANA AGUENA
RINALDO MILESI

Projeto de Capa
VICTOR BURTON

Editoração Eletrônica
ANTONIO SILVIO LOPES

ACADEMIA BRASILEIRA DE LETRAS
DIRETORIA DE 2004

Presidente – *Ivan Junqueira*
Secretário-geral – *Evanildo Bechara*
1ª Secretária – *Ana Maria Machado*
2º Secretário – *Marcos Vinicios Vilaça*
Tesoureiro – *Cícero Sandroni*
Diretor da Comissão de Publicações – *Alberto Venancio Filho*

Dados Internacionais de Catalogação na Publicação (CIP)
(Câmara Brasileira do Livro, SP, Brasil)

Del Picchia, Menotti, 1892-1988.
    Melhores poemas / Menotti del Picchia ; seleção Rubens Eduardo Ferreira Frias. – São Paulo : Global, Rio de Janeiro, : Academia Brasileira de Letras, 2004. – (Coleção melhores poemas / direção Edla Van Steen)

    Bibliografia.
    ISBN 85-260-0926-5

    1. Poesia brasileira I. Frias, Rubens Eduardo Ferreira.
II. Van Steen, Edla. III. Título. IV. Série.

04-2915   CDD–869.91

Índice para catálogo sistemático:

1. Poesia : Literatura brasileira   869.91

Direitos Reservados

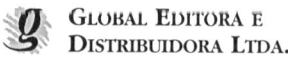

GLOBAL EDITORA E DISTRIBUIDORA LTDA.
Rua Pirapitingüi, 111 – Liberdade
CEP 01508-020 – São Paulo – SP
Tel.: 11 3277-7999 – Fax: 11 3277-8141
e-mail: global@globaleditora.com.br
www.globaleditora.com.br

Colabore com a produção científica e cultural.
Proibida a reprodução total ou parcial desta obra
sem a autorização do editor.

Nº DE CATÁLOGO: **2435**

Rubens Eduardo Ferreira Frias é professor de Literatura Espanhola e Hispano-Americana, Unesp, São José do Rio Preto. Traduções: *As independências na América Latina*, León Pommer, São Paulo, Brasiliense, 1980; *A igreja dos pobres na América Latina*, vários autores, São Paulo, Brasiliense, 1980; *Dicionário de símbolos*, Juan Eduardo Cirlot, São Paulo, Moraes, 1984; *Cem flores para Wilhem Reich*, São Paulo, Moraes, 1986, entre muitos outros títulos e artigos publicados.

A Rosa
não se fabrica.
Nasce.

(Menotti del Picchia – "O Poema")

UMA POESIA ENTRE A TENAZ TRADIÇÃO E O FUTURO EM TRANSE

Como a sua vida profissional, em que exerceu com talento, criatividade e empenho o trabalho de jornalista; como a sua participação ativa, combativa, vigorosa na política paulista e brasileira, também o percurso literário e poético de Menotti del Picchia registra momentos alternativos ou mesmo contraditórios, próprios, sem dúvida, de seu momento histórico. Igualando-se a praticamente todos os seus pares na reformulação modernista, pagou tributo ao passado (recente e "clássico"), à Poética e à Retórica tradicionais, a diversos movimentos literários anteriores: neoclassicismo, parnasianismo, romantismo, simbolismo etc.

Em seu caso particular este gosto pela herança greco-latina e ocidental quase nunca desaparece e aflora mesmo na busca de novos rumos e técnicas. Procura manter sempre a elegância no texto, nos temas, nos poemas dramáticos. Às vezes parece compartilhar valores de alguns integrantes da "Geração de 45" – por exemplo, Péricles Eugênio da Silva Ramos, Domingos Carvalho da Silva, Lêdo Ivo. Sendo assim, torna-se difícil catalogá-lo de modo categórico e conclusivo, ao gosto de certos professores de literatura residentes em castelos de fichas bibliográficas (ou seriam de cartas superpostas num jogo solitário e monótono?).

Poucos sabem (ou fingem desconhecer) ter sido Menotti o mentor, o pioneiro da organização da famigerada "Semana de Arte Moderna" de 1922. Através de persistentes artigos em jornais paulistanos e do interior paulista, de conferências e polêmicas e a partir de 1921 com o apoio entusiástico e integral de Oswald de Andrade, acompanhados logo depois da participação indispensável e lúcida de Mário de Andrade, tornou possível a realização do evento, cujos participantes e conseqüências são bastante conhecidos.

A "Semana" impôs-se à "burguesia paulistana" (conforme dizia Oswald) como um desafio e uma afronta, um vendaval iconoclasta, perigoso (tanto quanto a arte pode ser), para vários elementos da ordem estabelecida: política, literária, cultural, artística, religiosa e até mesmo social, afetando algumas tendências paranóides da classe média e da classe alta.

Mas não se pode confundir a ruidosa provocação e o festivo confronto de 22 com o Modernismo, amplo, diversificado, complexo. De qualquer modo, "a sorte estava lançada".

O próprio Menotti, autor de poemas bem convencionais desde Itapira (*Poemas do vício e da virtude*, 1913), ou dos primeiros tempos paulistanos (*Chuva de pedra*, 1924), elaborava, em 1927, os inacreditáveis *Poemas de amor*, tema combatido e ridicularizado por seus companheiros inovadores.

Mas antes disso, através de poemas peculiares e marcados pela intertextualidade, o poeta paulistano (muito orgulhoso do berço e da origem italiana), combinara com habilidade elementos da modernidade e da tradição, acrescidos de um toque pessoal, entusiástico, incluindo descobertas e leituras próprias de autores consagrados.

Em *Máscaras*, de 1920, carnavalização de um poema sentimental e dramático, expõe o conflito amoroso de uma tríade já existente na "commedia del arte" italiana – o pierrô, o arlequim e a colombina –, numa festa e num confronto emocionais bem próprios dos brasileiros, obtendo, como em seu livro anterior e maior sucesso, excelente acolhida popular.

A *Angústia de D. João*, de 1922, propõe um inusitado confronto entre Dom João (Don Juan, da tradição espanhola, matéria-prima de Zorrilla e de outros conterrâneos), célebre e impetuoso sedutor, conquistador, espadachim, fanfarrão, notívago e o enigmático Fausto, da tradição alemã, imortalizado por Goethe. Contrapõem-se, basicamente e tomados num sentimento estrito, a presumível paixão e a busca da elevação pessoal a qualquer preço, num procedimento luciferino. Os diálogos são veementes, tensos, retóricos, cabendo a última palavra a Dom João que exalta em sua maneira de viver, perigosa e aventureira, o amor e a devoção à singularidade de cada mulher, elevando-se deste modo a alturas desconhecidas e não compreendidas pelo senso comum. Assim haveria uma "espiritualidade" diferente e desafiadora em cada dessas míticas personagens. Segundo a tradição da conquista galante, tal atributo característico de Dom João de Menotti caberia melhor a

Casanova, herói da tradição italiana. Contudo, partindo de elementos convencionais e conhecidos o poeta brasileiro os modifica e transforma, manifestando uma certa ousadia.

Em *Moisés*, poema bíblico de 1917 e em *Jesus*, de 1933, Del Picchia permite a afluência de sua crença religiosa cristã (católica, a bem dizer) exaltando a figura de um grande patriarca e do principal expoente da redenção, segundo as *Escrituras*. O líder hebreu da libertação corresponde muito ao seu ideal de governantes políticos fortes, decididos, autoritários, tendo ressaltadas essas qualidades e a confiança em si próprio, defendendo os interesses de um povo débil, inconstante, egoísta, *que não sabia sequer ser conduzido* por um guia valoroso. O triunfo de Moisés, embora parcial, abre caminho às gerações vindouras (idéia bastante cara a Menotti), mostra a proximidade de Canaã, a terra prometida. Seu Jesus em contrapartida é o derrotado vitorioso, o consolidador da ressurreição e da imortalidade, conforme o poeta *sugere* com alguma sutileza, mas de modo incontestável.

Ora, tais formulações religiosas, mesmo sob o pretexto de reelaboração de relatos consagrados contradizem radicalmente a descrença e o ateísmo vigentes na maior parte da poesia moderna do Brasil e do Ocidente. Neste aspecto o poeta prefere talvez auto-elaborar suas diferentes e mais remotas convicções, deixando em segundo plano programas e práticas usuais da modernidade.

Ainda bem jovem publicara, em 1917, um livro que lhe trouxe fama e prestígio, o *Juca Mulato*, "um poemeto sertanista muito brilhante, que logo caiu no goto de uma comunicabilidade fácil e vigorosa, não desmentido em *Moisés*, poema bíblico e em *Máscaras*, ambos de 1917" – Alfredo Bosi, *História concisa da literatura brasileira*. Bosi, com sua característica pontinha de ironia, porém com sua permanente lucidez e senso de justiça, destaca no referido compêndio "o tenaz divulgador das novas tendências estéticas" e "a construção de obra singular no contexto modernista, no sentido de uma descida de tom (um maldoso diria de nível), que lhe permitiu aproximar-se do leitor médio e roçar pela cultura de massa que hoje ocupa mais de um ideólogo perplexo". Nosso mestre de literatura brasileira (de cultura, de humanismo etc.) é sempre um leitor machadiano, com um sorriso levemente sarcástico, mas de uma arguta observação, nunca desprovida de generosidade. Bosi e Mário da Silva Brito não misturam convicções ou simpatias ideológicas e outras emoções e interferências à sua avaliação crítica. Infelizmente grande parte dos estudiosos brasileiros de literatura ou cultura chega mesmo até a excluir a inegável participação de Menotti nessas áreas da brasilidade, motivados por preconceitos políticos ou "estéticos".

Aliás, sobre a complexidade, os enigmas e a arbitrariedade ao definir critérios de inclusão ou exclusão de autores, muitos deveriam ler o texto de T. S. Elliot "Que é poesia menor?", um dos ensaios de *A essência da poesia* (em inglês *One poet and one poetry*), traduzido por Maria Luiza Nogueira, em publicação da Artenova, 1972.

Bem, após essa necessária digressão, retornamos ao valor intrínseco de *Juca Mulato*, obra ímpar de Menotti e singular na poesia brasileira onde participa de um conjunto, cujos heróis representam diferentes aspectos e versões do "brasileiro típico". "Juca Mulato" embora sonhador e melancólico, porém sentimental, verdadeiro, trabalhador, "romântico" por excelência, cúmplice de natureza e da viola (tem algumas similares e algumas diferenças com o *gaucho matrero* argentino), contudo opõe-se à falta de ânimo, ao caráter fraco, enfermiço, desanimado do "Jeca Tatu" de Monteiro Lobato. Inscreve-se neste grupo de representações do caboclo, do caipira ou do homem interiorano que engloba *Martim Cererê*, idealização altissonante das "três grandes raças" fundadoras do Brasil: o português, o índio e o negro; *Macunaíma*, rapsódia poético-sarcástica do "herói sem nenhum caráter" (depositário, apesar disso, de lindas lendas nacionais) ou *Cobra Norato*, destemido e perquiridor aventureiro amazônico, cercado também de lendas, mitos, e elementos fantásticos. Estas são algumas das principais vertentes da busca de uma autêntica brasilidade, ponto de honra do itinerário modernista em suas mais genuínas criações. Juca Mulato ama, sofre, canta, sonha, procura amparo na "mandinga" afro-brasileira, nas vozes da natureza, no violão plangente, renasce e volta a viver, sempre se engradecendo em sua simplicidade. *Juca Mulato*, portanto, é uma das vozes verdadeiras do Brasil, uma toada encantadora imensamente apreciada pelo nosso povo. Em seu discurso de recepção a Menotti na Academia Brasileira de Letras, em 1943, Cassiano Ricardo ressalta melhor o valor deste livro e destes 128.000 exemplares adquiridos até aquela época. Neste país de pequenas tiragens e poucos leitores do que nos caracteriza, os números às vezes se tornam tão enfáticos quanto as letras.

No percurso alternativo de Menotti em sua diversificada obra poética, salientemos a nova incursão modernista em *República dos Estados Unidos do Brasil* (título oswaldiano, ao que parece), em 1928, apenas um ano após a recaída no lirismo de *Poemas de amor*. Este livro engloba poemas pré-modernistas e outros nitidamente modernistas, sobretudo considerando-se as dificuldades do autor, veemente porta-voz das inovações que expressava, de fato, com certa timidez. Em *O Deus sem rosto* (título aparentemente influenciado por um certo ateísmo de Cassiano Ricardo), de 1968, aparece, enfim, um modernista merecedor dessa designação, revitalizado, embora tardio. Neste livro trata, de forma mais livre e solta, termos atuais na época: "O Cadáver do Anjo", "A Babel Astral", "Acústica", "Fragmentos do Poema: O Tempo" (um texto metapoético), "Guarda noturno em Quadrinhos", "Biografia" (auto-irônico), "Lunik", "A Poesia de Ouro" (metaliterário), "Tangolomango", entre outros. Paradoxalmente, apesar do título, ressurgem dos tempos imemoriais e permanentes do Menotti profundo, interior, sempre sincero, os valores religiosos intactos, como em "O Deus Vivo" e outras criações similares.

Menotti del Picchia, homem e poeta de sua época: moderno, repleto de influências díspares, tributário da tradição, sequioso de nova expressão, arauto de uma justiça apenas vislumbrada, crítico de sua realidade, aspirante sigiloso à eternidade, viveu, amou, escreveu com integridade.

Algumas vezes admirado, outras combatido, merece ser lido e respeitado. Talvez suas escolhas políticas não tenham sido sempre as melhores, mas sua poesia e sua literatura afirmam sua presença no Brasil de seu tempo e nos Brasis que idealizou, de forte sol tropical visitado às vezes por vagas ondas do Mediterrâneo.

POEMAS

POEMAS TRADICIONAIS E PRÉ-MODERNOS

SONETO

Soneto! Mal de ti falem perversos
que eu te amo e te ergo no ar com uma taça.
Canta dentro de ti a ave da graça
na gaiola dos teus quatorze versos.

Quantos sonhos de amor jazem imersos
em ti que és dor, temor, glória e desgraça?
Foste a expressão sentimental da raça
de um povo que viveu fazendo versos.

Teu lirismo é a nostálgica tristeza
dessa saudade atávica e fagueira
que no fundo da raça nos verteu

a primeira guitarra portuguesa
gemendo numa praia brasileira
naquela noite em que o Brasil nasceu...

(*República dos Estados Unidos do Brasil*, 1928)

TORRE DE BABEL

Eles ergueram a torre de Babel
bem na Praça Antônio Prado.
O esqueleto de aço cobriu-se de carne de cimento
e as vigas e guindastes
eram braços agarrando estrelas
para industrializá-las em anúncios comerciais.

Italianos joviais,
húngaros de olhos de leopardo,
caboclos de Tietê arrastando o caipira.

bolchevistas da Ucrânia,
polacos de Wrangel,
nipões jaldes como gnomos nanicos talhados em âmbar

entre as pragas dos contramestres,
os rangidos das tábuas do andaime,
o estridor metálico
das vigas de aço e dos martelos sonoros,
no céu libérrimo de S. Paulo,
fizeram a confusão das línguas,
sem perturbar a geometria rigorosa
do ciclópico arranha-céu!

Lá do alto, o paulista,
bandeirante das nuvens,
mirou o prodígio da Cidade alucinada:
uma casa de três andares
pôs-se a crescer bruscamente
como nos romances de Wells;
outra apontou a cabeça arrepelada de caibros
acima do viaduto do Chá;
e começou a desabalada carreira
do páreo do azul.
O formidável arranha-céu
com a cabeça nas nuvens
abrigou no seu ventre de concreto
o drama da nova civilização.

Onde estás, meu seráfico Anchieta,
erguendo com o barro de Piratininga,
pelo milagre da tua persuasão,
as paredes rasteiras do Colégio?

(*República dos Estados Unidos do Brasil*, 1928)

CAROLINA

Ela não fez nenhum ruído quando foi-se embora.

Nós estávamos na varanda esperando.
Quê? Sua libertação ou a nossa?
A vida é egoísta. Uma agonia é uma corrente
que chumba os sãos
ao remorso de saber que o sol é alegre
e que é bom sorver a vida por todos os poros.

Oh! largar aquele leito, cantar! beber! fazer besteiras!

Sempre fora humilde e tinha medo de dar trabalho
aos outros.

Quando meu irmão voltou do quarto,
disse:

– Ela está morta.

Estava tranqüila, tranqüila, tranqüila...

Saímos aliviados para o quintal.
O céu era azul e as flores murchavam sob a força do sol,
nenhuma rajada de brisa mexia com as folhas paradas
e no céu não se ouvia nenhum ruído.

Ficamos perplexos!
Até seu vôo ela desferira manso e discreto
para não perturbar nem o sono das rosas.

(*Poemas Transitórios*, 1956)

DESTINO

Amanhã eu vou pescar.

Há um peixe fatalizado
que a Ritinha vai guisar
na panela de alumínio
que brilha mais que o luar.
Hoje ele está no seu líquido
e o paco mundo lunar,
pequena seta de prata
furando a carne
do mar.

Qual será? O bagre flácido
de cabeça triangular?
O lambari que faísca
como uma mola a vibrar?
O feio e molengo polvo,
monstruoso, tentacular?

O peixe espada, de níquel,
avisa espada do mar?

Hoje estão vivos e lépidos
os lindos peixes do mar.
Amanhã...
Nem pensem nisso!

Amanhã eu vou pescar...

(*Poemas Transitórios*, 1956)

O POETA, 2

CANTIGA DO SAPATEIRO

Sol que alegra e me consola
na minha tenda entra, belo.
Sonho um sonho, uma promessa,
tudo que venha à cabeça...
Tine e retine o martelo,
bato sola! Bato sola!

Desde que ela veio, deu-se
a morte da minha calma.
Entrou... Sorriu-me... Fitou-me.
Flor de carne, flor sem nome,
meu coração dela encheu-se,
encheu-se dela minh'alma.

Disse-me ela: "Sapateiro,
vais fazer-me um sapatinho".
E mostrou-me o pé. Corando
respondi-lhe: "Estais brincando?
Ide ali no meu vizinho,
meu vizinho é joalheiro".

"Calçá-lo com sola e couro
é crime que não apóia
Minh'alma que anda de rojo.

Jóias guardam-se no estojo...
Calçai um sapato de ouro
no vosso pé que é uma jóia".

Ai! Agora sofro e peno
de inveja do meu vizinho...
Pedem-me todos que a esqueça
mas não me sai da cabeça
a mulher do pé pequeno
que queria um sapatinho.

Desditoso e contrafeito
eu numa ânsia me debato:
ela voltar, como um louco,
nem que morra dentro em pouco,
tiro o coração do peito
e dele faço um sapato...

Amo-a! Como voltar custa
aquela que me consola.
Entra um freguês. Corro a vê-lo.
Nada! E o coração se assusta
e bate como o martelo bate sola.

(*Poemas do Vício e da Virtude*, 1913)

CANÇÃO DO MEU SONHO ERRANTE

Eu tenho a alma errante
e vago na terra a sonhar maravilhas...

Não paro um momento!
Eu busco irrequieto o meu sonho inconstante
e sou como as asas, as velas, as quilhas,
as nuvens, o vento...

Eu sou como as coisas inquietas: o veio
que canta na leira; a fumaça que voa
na espira que sobe das achas; o anseio
dos longos coqueiros esguios;
a esteira de prata que deixa uma proa
no espelho dos rios.

Eu tenho a alma errante...

Boêmio, o meu sonho procura a carícia
fugace, procura
a glória mendaz e preclara.
Sou como a vela fenícia
ao largo, uma vela distante...

Eu tenho a alma errante...

E sinto uma estranha delícia
em tudo que passa e não dura,
em tudo que foge e não pára...

(*Chuva de Pedra*, 1924)

OS LADRÕES

Eles não precisam daquilo,
são fortes e bem vestidos,
mas têm em conta o dever profissional,
e, depois, há o regime econômico,
o gosto do risco, a força do sangue...
Então, com técnica perfeita,
invisíveis e sem fazer ruído,
serram a veneziana
e saltam um a um, como bolas de borracha.
E o velho que não dorme por causa da asma,
levanta-se de camisola branca.
Acende a luz e dá um urro!

E os ladrões, mortos de susto,
fogem lépidos e profissionais
e evaporam-se na noite.

(*Chuva de Pedra*, 1924)

JARDIM TROPICAL

Monjas lunares os lírios rezam de mãos postas
pelos cravos degolados
cujas cabeças estão içadas nos chuços das hastes
escorrendo o sangue das pétalas.

Corusca a lâmina jalde do grande sol carrasco
entre a guarda régia
dos girassóis guerreiros escamados de ouro.

Fremem ao vento os paveses das glicínias.

As papoulas roxas com seus pluviais de seda
são graves arcebispos inquisidores.

A plebe miúda e bulhenta das madressilvas
apinha-se em todos os galhos
para espiar o sacrifício cruento.

E contra o monstruoso atentado
apenas se ergue na sombra
timidamente
o protesto aromal das violetas.

(*Chuva de Pedra*, 1924)

SAUDADE

Saudade cheia de graça,
alegria em dor difusa,
doença da minha raça,
pranto que a guitarra lusa
em seu exílio verteu...

Ai quem sentir-te não há-de
se foi dentro da saudade
que a minha pátria nasceu.

(*Chuva de Pedra*, 1924)

IMPRESSÃO

Na tarde evocativa
a faixa do horizonte
é uma larga fronte
pensativa.

Súbito, lento, lento,
o vôo negro de um corvo
põe na tarde macia o risco torvo
de um pensamento...

(*Chuva de Pedra*, 1924)

MÚSICA

O sino que plange,
o alarido dos sapos que tange,
um clácson distante.
o pregão de um vendedor ambulante,
o Chopin romântico da vizinha de luto,
longas síncopes de silêncio absoluto...

E, no silêncio, mais suave que um harpejo
o meu beijo, o teu beijo, o nosso beijo...

(*Poemas de Amor*, 1924)

DESILUSÃO

E que é amar? A estranha dor
de estilhaçar a alma em carinho...
É colher ao acaso alguma flor
para despetalá-la no caminho.

E que resta depois de tantos ais?

A saudade? Talvez... Ó alma enganada,
de ti e da flor não resta quase nada:
um punhado de pétalas na estrada,
um perfume nos dedos... – Nada mais.

(*Poemas de Amor*, 1924)

LÍNGUA BRASILEIRA

O povo menino
no seu presepe de palmeiras
aguardou as oferendas de Natal.

A nau primeira
trouxe o Rei do Ocidente
que lhe deu o tesouro sem-par
do Cantar do Amigo,
dos Autos de Gil Vicente
e, depois, a epopéia de Camões.

No navio negreiro
veio o Melchior do mocambo
talhado em azeviche como um ídolo bengüela,
com a oferta abracadabrante e gutural
dos monossílabos de cabala.

Nos transatlânticos e cargueiros,
o Rei Cosmopolita,
que tem as cores do arco-íris
e os ritmos de todos os idiomas,
trouxe-lhe o régio presente
das articulações universais.

Os três reis fizeram um acompanhamento das raças
e ensinaram o povo menino
a falar a língua misturada
de Babel e da América.

E assim nasceste,
ágil, acrobática, sonora, rica e fidalga,
ó minha língua brasileira!

        (*República dos Estados Unidos do Brasil*, 1928)

PRINCESA ISABEL

Ainda era escuro
na noite negreira
que alguns brancos amulatavam.

Ainda era escuro
no coração dos brancos
que a cupidez enegrecia.

Ainda era escuro
na negra senzala:
na noite de angústia,
de ululos e rezas,
de banzo e ganzá;
na noite de S. Benedito
de pajelança e Orixá.

Só havia nela
relâmpagos de chibatas,
trovões de pragas
e chuvaradas de lágrimas...

Mas a treze de maio
surgiu Santa Isabel
com sua corte falante
de apóstolos cívicos:
Castro Alves, Zé do Pato,
Nabuco, Antônio Bento,
Luís Gama e outros mais.
E a negrada caiu no samba.
E os brancos, de raiva, foram tramar a
                                      República.

(*República dos Estados Unidos do Brasil*, 1928)

MAL DU PAYS

Noites em que as estrelas ficam escutando
coisas que não se dizem a ninguém;
poentes de laca;
manhãs de lisa porcelana;
sobre vós, nas cidades febrentas
ou na orla dos cafezais,
quantas vezes não pousaram as tristezas
das nostalgias internacionais?

Sírios de olhos mouriscos,
lânguidos como beduínos;
húngaros de pupilas de absinto
e jaqueta de veludo;
russos de cabeleiras ruivas
– híspidos casquetes de astracã, –
quantas vezes não pararam bruscamente
ao ouvirem as sereias das fábricas
apitar como navios repatriadores?

Vossas guitarras e sanfonas
choraram nas toadas cosmopolitas
essa angústia indefinível:
mal do país na terra de ouro,
na pátria comum das esperanças ciganas,
confederação das nostalgias,
ímã internacional das aventuras...

É por isso que em teus poentes de laca,
em tuas manhãs de porcelana
ou nas tuas tardes de vitral,
há a beleza suprema de uma torre de cristal
onde todas as saudades juntas
irradiam sua onda
de harmonia e de nostalgia,
para ser colhida nos quatro pontos cardeais
pelas antenas dos corações que inda esperam
aqueles que se foram e que não voltam mais...

(*República dos Estados Unidos do Brasil*, 1928)

O DISCURSO

Naquele piquenique
o rábula Higino,
sem escovar o fraque,
sem largar o guarda-chuva,
trepou na mesa de caixotes,
derramou com o borzeguim uma garrafa de cerveja,
olhou para cima,
sorveu inebriantes nesgas de céu,
bebeu duas gargalaçadas de sol,
vibrou de brasilidade:
deitou verbo
e rematou:

"Nossa pátria é a maior terra do mundo!
A Europa curvou-se ante o Brasil
e aclamou parabéns em meigo tom!"

Marotti, Calfat e Kochiusko
aplaudiram freneticamente.

Só o Ramirez resmungou alguma coisa,
mas um bando de periquitos
sufocou o protesto com uma assuada.

(*República dos Estados Unidos do Brasil*, 1928)

POEMAS INTERTEXTUAIS

A ANGÚSTIA DE D. JOÃO
(DRAMÁTICO)
(1922)

A noite é branca de luar e o jardim branco de malmequeres. FAUSTO *espera seu amor sob o balcão de* MARGARIDA. *Vem da noite e da distância um cântico que se aproxima.*

A VOZ

Nunca provei o teu beijo:
de estranho amor estremeço;
caminho; sangram meus pés.
Existes – mas não te vejo;
és bela – não te conheço;
amo-te – e não sei quem és?

Por cidades, por aldeias,
minha sina é procurar-te.
Onde estás? Por onde vou?
Sinto que tu me rodeias,
mas, se estás em toda a parte,
jamais estás onde estou!

Eu te sinto repartida
na glória da natureza
Amada que eu nunca vi.
Sei que estás dentro da vida
e, onde há um pouco de beleza,
há sempre um pouco de ti...

Ó meu vago sonho obscuro,
não vens por mais que te chame...
Onde estarás? Eu não sei!
Escondeste eu te procuro,
não te encontro e, talvez, te ame
porque nunca te encontrei!

Sombra sonhada e divina
sê sempre apenas sonhada...
nunca entrevista sequer!
Foge! que temos por sina
o sentir que morre a Amada,
quando se encontra a Mulher!

A voz cessa, D. João *aparece.*

FAUSTO

Quem és tu?

D. JOÃO

Sou D. João

FAUSTO

Quem te traz?

D. JOÃO

Minha sorte.

FAUSTO

De onde vens?

D. JOÃO

Vim da vida.

FAUSTO

Onde vais?

D. JOÃO

Para a morte!

FAUSTO

Que procuras?

D. JOÃO

O amor...

FAUSTO

Achaste-o?

D. JOÃO

Não existe...

FAUSTO

Cantas por que és feliz?

D. JOÃO

Canto porque estou triste...

E tu, és menestrel?

FAUSTO

Eu? Sou quase um suicida...

D. JOÃO

Que fazes sob o luar?

FAUSTO

Espero Margarida...

D. JOÃO

Deu-te um beijo?

FAUSTO

D. João!

D. JOÃO

Sorriu-te?

FAUSTO

Não...

D. JOÃO

Falou-te?

FAUSTO

Não ...

D. JOÃO

Por que estás assim tão estranho esta noite?

FAUSTO

Porque me ama e não diz; porque esta alma adivinha
que eu a adoro talvez por não ter sido minha...
Porque inda não provei, com meu doido desejo,
o calor do seu lábio e o gosto do seu beijo.
Porque não sei se, nela, esta ardente loucura
encontrará o amor que minha alma procura.

D. JOÃO

Amas a indecisão?

FAUSTO

Não sei...

D. JOÃO

As próprias penas?

FAUSTO

Não sei ... talvez no amor eu ame o amor apenas...
Compreendes?

D. JOÃO

Não. Tudo isso é muito singular...

FAUSTO

Desgraçado D. João! Tu não soubeste amar!

D. JOÃO

Eu? Eu não soube amar? Pergunta, se quiseres,
se não provei o amor de todas as mulheres!
Pergunta, pois, ao luar! Pergunta à flor, ao ninho,

quantas paixões semeei por todo o meu caminho,
quantos corpos possuí, ardentes de desejo,
dando-me à flor da boca a glória do seu beijo!

FAUSTO

E depois?

D. JOÃO

E depois?... Esta ânsia sem remédio...

FAUSTO

E após o beijo?

D. JOÃO

A posse...

FAUSTO

E além da posse?

D. JOÃO

O tédio...

(Um silêncio. Os malmequeres parecem mais brancos sob o luar.)

FAUSTO

(numa voz surda, piedosamente):

O tédio é para o amor o mesmo que o absinto:
este envenena o corpo, aquele mata o instinto...
Teus amores, D. João, não passam, resumidos,
da cega exaltação dos teus próprios sentidos.

D. JOÃO

(cismarento):

Creio que tens razão... Nesta vida sem calma
muitos corpos possuí à procura de uma alma.

Para mim era o amor um vinho rosicler
na taça úmida e em flor de uns lábios de mulher!

(desalentado):

Sempre o mesmo licor; nele, o mesmo letargo;
muito doce a princípio, afinal, muito amargo.
Cansado, noutro lábio o amor buscava a esmo;
eu mudava de taça e o licor era o mesmo...
Quanto tédio senti! Eu bem via, tristonho,
que nenhuma mulher encarnava meu sonho.
Dia a dia cresceu esta ânsia incompreendida
e, cansado de amar... nunca amei nesta vida!

(cheio de angústia):

Sinto-me tão vazio... o tédio me definha...

FAUSTO

Conta-me a tua história. Eu contarei a minha.

D. JOÃO

Minha história? É vulgar... Um sorriso que esvoaça...
um vulto que me segue... uma mulher que passa...
uma frase que vai... um olhar que deseja...
um corpo que se entrega... um lábio que se beija...
uma febre... um delírio... e, depois de um momento,
um bocejo... um cansaço e um arrependimento!

FAUSTO

Não! Não é isso o amor! O amor talvez consiste
na dor de se querer tudo o que não existe...
Na angústia de se ver sumir nas distâncias
o sonho que nasceu das nossas próprias ânsias...
Tudo é nada! A ilusão de uma alma que se atira,
cantando atrás do aceno azul de uma mentira
para ficar, enfim, sangrando, convencida
que a mentira de amar é a verdade da vida!

> *Silêncio... Ambos absorvem-se
> na beleza do luar. Depois, numa
> voz flébil,* D. JOÃO *pergunta.*

D. JOÃO

Não se deve colher o beijo quando, louca,
sorri cheia de amor a rosa de uma boca?

FAUSTO

Não se deve.

D. JOÃO
Por quê?

FAUSTO

                    Porque, para quem ama,
o beijo é como a flor na ponta de uma rama.
Acaso a tua mão, quando, nervosa, corta
do caule a flor, não vê que a pobre fica morta?
O beijo é a estranha flor do místico ressábio:
quando outro lábio a colhe, agoniza no lábio...

D. JOÃO

O beijo? O beijo é tudo! Um contato sublime
que tem gosto de amor e tem gosto de crime!
Brado vivo do instinto, aleluias, rugidos
da cega exaltação de todos os sentidos!
Rebelado clamor de carne onde a alma louca,
para encontrar outra alma, aflora-nos à boca,
e espera, e anseia, e geme, e chora, e grita, e brada!

FAUSTO

(irônico):

Beijo? Suspiro suave a desfazer-se em nada...

D. JOÃO

(desvairado):

Mentes! O beijo é tudo! O beijo é a febre. O beijo é a vida da esperança...

FAUSTO

... a morte do desejo.

(Relembrando e imerso numa cisma profunda):

Desgraçado D. João! Quando no teu murzelo
dando à brisa canções, dando ao vento o cabelo,
pondo um pouco de sonho à flor de um redondel
como numa corola um bocado de mel;
quando, da sedução irmão fatal e gêmeo,
tu partiste a cantar, sonhador e boêmio,
iludido e feliz, descuidado e risonho,
na esperança de achar a glória do teu sonho,
tive pena de ti, pois, cantando, partiste
a procurar na Terra um bem que não existe...

D. JOÃO

Quantos lábios beijei! Quantas bocas em flor
eu fiz fremir de amor, sem nunca achar o amor!
Tive corpos nas mãos submissos como servos
onde, fria, coleava a angústia dos meus nervos...
E quando, ardendo em febre, a mulher, doida e
                                              ardente,
enroscava-se em mim tal qual uma serpente
cravando-me na boca um beijo, e a carne nívea
eu sentia estuar de amor e de lascívia,
na suprema eclosão do meu tédio medonho,
eu deixava a mulher... e buscava meu sonho!

FAUSTO

Fui mais feliz que tu.
                        Um dia, em minha vida,
refletida no espelho, enxerguei Margarida.
Desvairada de amor fremia de alvoroço,
no meu corpo de velho, a minha alma de moço.
Dizem que foi Satã quem, cheio de piedade,
deu à minha velhice a minha mocidade...
Mentira! Quando o amor o peito nos aquece

toda a nossa existência exulta e refloresce!
Se ele um corpo me deu, foi coisa bem mesquinha,
pois, para a amar, bastava uma alma igual à minha...

(Recordando aos poucos, enquanto
D. JOÃO *cisma):*

Certo dia, encontrei essa estranha mulher
desfolhando ao luar um triste malmequer.
Indagava, talvez, se eu a amasse! Contudo,
a terra, o céu, o mar, a luz, a treva, tudo
devia lhe dizer, vendo-a tão casta e bela,
que nenhuma mulher era amada como ela!
Folha a folha, nervosa, a flor despetalava:
"Mal-me-quer... Bem-me-quer..." Sorriu... Suspirava....
E, trêmula, arrancando as pétalas aos molhos.
A resposta da flor...

D. JOÃO

(concluindo):

... encontrou nos teus olhos!

(com um bocejo):

Curta história e sem sal. Como todas, vulgar:
"Margarida... uma flor... um suspiro... um olhar...
Insosso e eterno amor que, no peito em que pousa,
repete a mesma frase e diz a mesma cousa.
Procura-o em qualquer céu, prova-o onde quiseres,
esse amor sempre é igual em todas as mulheres!

FAUSTO

Mas, enfim, ó D. João, que teu sonho deseja?

D. JOÃO

Algo de tão sutil que eu nem sei o que seja....
Uma coisa tão vasta este meu sonho quer,
que não pode caber num corpo de mulher.

FAUSTO

Enganas-te D. João. Nas nossas pobres vidas
sempre os Faustos terão as suas Margaridas.
Fugir-lhe, não querê-la, é inútil desatino:
Aquela que há de vir, vem no próprio destino!
Um dia, por acaso, a encontras loira e bela,
e a reconheces logo: "És tu? – Sou eu..." É ela!

Quem é? De onde ela vem? Das trevas ou da aurora?
Quem sabe de onde vem a mulher que se adora?
Nada sabes... Do céu? Do mar? Das ondas bravas?
Não! Só sabes que era essa a mulher que esperavas.

D. JOÃO

Eu esperei-a em vão...

FAUSTO

               São muitos os que têm
o fado de esperar aquela que não vem...
E, no ardor de a encontrar, enganados, bracejam,
crendo que amam, possuindo a mulher que desejam...
Escravos da ilusão que a alegria lhes trunca
blasfemam contra o amor sem ter amado nunca!
Esses são com tu, que pela vida rodas,
amando-as, uma a uma, e aborrecendo todas!

D. JOÃO

(transfigurado):

Não! Não compreenderás o prazer que consiste
em se amar, como eu amo, um ser que não existe!
Plasmei-a dentro de mim e fi-la minha Eleita.
Chama-se essa mulher: a Beleza Perfeita!
A amada de D. João como é linda! No fundo
resume tudo o que há de mais belo no mundo!
Ante o seu resplendor as estrelas são turvas:
é um poema de carne, um cântico de curvas!
Fi-la, juntando a esmo a perfeição que encerra,
fragmentada e dispersa, a beleza da Terra...
Nunca compreenderás o meu sonho exaltado:
como Osíris, o amor existe mutilado...
A eleita que sonhei enxergo-a, mas, que queres?
vive disseminada em todas as mulheres.

Sinto, vendo-a num seio, ou na curva de uns braços,
que a mulher que eu adoro é feita de pedaços...
Existe em toda a parte, e cada mulher bela
esconde no seu corpo alguma coisa dela!
Esta guarda-lhe o olhar; aquela, as carnes brancas;
uma, a forma do torso; outra; a fuga das ancas.
Tomando de uma a cor, de outra um traço indeciso,
desta, o corte do lábio e daquela um sorriso,
eu, fragmento a fragmento, a amada recomponho,
pois, em cada mulher, há um pouco do meu sonho!

O AMOR DE DULCINÉIA
(FRAGMENTO)

"O IDEAL DE SANCHO"
(DRAMÁTICO)
(1930)

*Na casa de Sancho. Estamos em 1936.
A humanidade continua a mesma:
fetichista, imbecil, heróica, estúpida
e bela. O escudeiro agoniza no seu
quarto. Na sala velam os amigos.*

O CURA

... e foi a tentação do demônio...

A COMADRE

(benzendo-se):

                        Ai! Cruz! Credo!

UM BURGUÊS

Por isso que da tenda o passo não arredo.
Vendo estofos e sou feliz...

UM MOLEIRO

                      E há quem se afoite
por aí...

O MOLEIRO

Irra!

O CURA

Se via um moinho,
berrava que um gigante estava em seu caminho.
O rio era um dragão todo escamado de ouro
e alçava o varapau, como a adaga de um mouro,
contra qualquer burguês, com tal fúria danada,
que se diria que era um salteador de estrada!

A COMADRE

Credo!

O MOLEIRO

E por quê?

O CURA

Não sei. Fico até indeciso...

O FÍSICO

Muita imaginação...

O MOLEIRO

Não. Falta de juízo!

D. QUIXOTE

(Entra cheio de saúde e de vigor. Está gordo e mais moço e com um humor esplêndido)

Boas tardes...

TODOS

(em pé):

Senhor...

D. QUIXOTE

(examinando suas fisionomias compungidas):

Mas que estranha mudança... Que tendes? Como vai o nosso Sancho Pança?

O FÍSICO

Mal...

D. QUIXOTE

(aborrecido):

Mal?

O FÍSICO

Oh! Muito mal... Pulso ruim... Em febre arde.
Tem delírios... Talvez nem passe desta tarde.

D. QUIXOTE

Eu quero vê-lo...

O CURA

Entrai ...

(D. Quixote entra no quarto do seu fiel escudeiro. Sancho é uma imensa barriga que lateja sob os lençóis da

cama. Em sua frente, numa graciosa panóplia, resplandece a heróica armadura de D. Quixote. Uma alegria celestial ilumina o rosto do impávido moribundo):

D. QUIXOTE

(olha-o com carinho e tristeza):

Então! Um herói não se abate!

SANCHO

(calmo e irônico):

Vede. Espero a sorrir meu último combate!
Nada temo, Senhor! Contra a morte que avança,
em falta de um escudo, oponho a minha pança...
Couraçado torreão, o mal que a ameaça, escorre
por ela, como a flecha ao bater numa torre.
Cresceu, endureceu, tomou o ar guerreiro
do bloco senhorial de um castelo roqueiro
e à firme proteção dessa couraça altiva
resistirei, sorrindo, enquanto ela for viva!

D. QUIXOTE

Sancho, brincas...

SANCHO

Por quê?

D. QUIXOTE

Tu me perturbas... Penso que deliras...

SANCHO

Senhor! Não perdi meu bom senso.
Esta pança é meu bem e meu mal, meu estigma
e um sonho...

D. QUIXOTE

Compreendi: foste sempre um enigma...

SANCHO

Eis a decifração: reservou-me o destino
de nédio, gordo e bom, o papel de cretino...
A humanidade é assim: de simplista incoerência
julga, sem refletir, apenas da aparência.
Que engano! Há algo aqui, que, impetuoso, reclama
que eu realize meu sonho e não falhe ao meu drama.
Sabeis da agitação que represa esta calma?
Atrás desta barriga inda se agita uma alma!

(Com os olhos cheios de sonho):

E que alma, meu Senhor!...

D. QUIXOTE

(cismando):

Grande, impetuosa, amiga...

SANCHO

(rindo):

Exagerais... Mas é maior que esta barriga,
que esta casa e que sai deste burgo perverso
e se integra na luz que irradia o universo!
Olhai-a! Inda doente, incha, cresce, entre as brasas
da febre anseia e ofega e parece ter asas
para voar, escapar a este lugar bisonho
recheada de amor como um pastel de sonho!

(delirando):

D. Quixote! Dragões! Matai-os! Que façanha
nobilite em nós dois o heroísmo da Espanha!
Ser criador de um gesto... O resto o que é? Egoísmo...
Toda a vida é o instante eterno de heroísmo!
E depois alcançar, como um fim de epopéia,
o beijo que oferece em prêmio Dulcinéia!

D. QUIXOTE

Sancho!

SANCHO

(voltando a si):

Hein?

D. QUIXOTE

Mas que tens? Falas como criança...

SANCHO

Perdão...

D. QUIXOTE

Deliras?

SANCHO

Não. Quem delira é esta pança.
Mas já vai descansar... Suas carnes dolorosas
vão desfazer-se em poeira e transformar-se em rosas...

Gordo adubo floral! Se os anseios que encerra
rebentarem em flor ao sumir-se na terra,
bastará, para só, no sono derradeiro,
transformar num jardim o cemitério inteiro...

(Sarcástico e intencional):

Como ficar inerte uma barriga ardente
e idealista? É mister viver intensamente,
fugir ao ramerrão desta banalidade,
eternizar a ação para a posteridade...
Agora já sabeis as razões das loucuras
de Sancho, o que saiu à cata de aventuras...

D. QUIXOTE

*(compreendendo a passividade
grotesca do seu drama):*

Eu fizera da vida uma quieta obra-prima.
Vivia entre o canil, o castelo e a vindima,
sopitando o estridor ancestral das estranhas
criaturas que há em mim, ansiando por façanhas!
E vieste violar o meu nobre sossego,
meu passivo langor de fidalgo manchego...
Por quê?

SANCHO

Para viver!

D. QUIXOTE

                      Então, essa querida
e suave estagnação...

SANCHO

                      A inércia não é vida!

D. QUIXOTE

Fizeste-me arrastar sob a geada e o mormaço
uma caricatura heróica de palhaço!
É viver ser grotesco?

SANCHO

                      É viver ser errante...
Todos devemos ser um cavaleiro andante...

(delirando e agonizando):

Há dragões a vencer, há bruxos, monstros, feras,
em toda parte, em todo instante, em todas eras...
É mister transformar a vida, essa migalha
de tempo, no furor de uma insone batalha,
dentro do acaso, da surpresa, errando a esmo,

até alçar-se ao ideal do vencer-se a si mesmo,
atingindo a emoção do milagre divino
de quem cria, por si, o seu próprio destino!

D. QUIXOTE

*(num brado, querendo a revelação
do seu enigma):*

Sancho! E que fui, seguindo os sonhos que se somem
mal se lhes tende a mão? Fui louco?

SANCHO

Foste um homem!

D. QUIXOTE

Que fizeste de mim? Tu deste à humanidade
meu ridículo...

SANCHO

(expirando):

Não! Dei-te a imortalidade!

Sancho expira e, com ele, o poema.

MÁSCARAS
(DRAMÁTICO)

O AMOR DE COLOMBINA
(FRAGMENTO)
(1920)

Em qualquer terra em que os homens amem.
Em qualquer tempo onde os homens sonhem.
Na vida.

PERSONAGENS:

ARLEQUIM: UM DESEJO
PIERROT: UM SONHO
COLOMBINA: A MULHER

III

Uma voz que canta se aproxima.

A VOZ

Esse olhar deu-me o desejo
daquele beijo encontrar,
mas nunca, reunidas, vejo
a volúpia desse beijo
e a tristeza desse olhar!

PIERROT, *extasiado:*

Escutaste, Arlequim, que cantiga tão bela?

ARLEQUIM

Era dela esta voz!

PIERROT

Esta voz era dela...

Arlequim está imerso na sombra e um raio de luar ilumina Pierrot. Entra Colombina trazendo uma braçada de flores.

COLOMBINA, *vendo Pierrot:*

Tu? Que fazes aqui?

PIERROT

Espero-te, divina...
A sorte de um PIERROT é esperar Colombina!

COLOMBINA

Pela terra florida, olhos cheios de pranto,
eu procurei-te muito...

PIERROT

                          E eu esperei-te tanto!

COLOMBINA

Onde estavas, Pierrot? Entre as balsas amigas,
tendo no peito um sonho e no lábio cantigas,
dizia a cada flor: "Mimosa flor, não viste
um PIERROT muito branco..."

PIERROT

                        Um Pierrot muito triste.

COLOMBINA

E respondia a flor: "Sei lá... Nestas campinas
passam tantos Pierrots atrás de Colombinas..."
E eu seguia e indagava: "Ó regato risonho:
não viste, por acaso, o Pierrot do meu sonho?"
E o regato correndo e cantando, dizia:

"Corro e canto e não vejo" – e cantava e corria...
Nos céus, erguendo o olhar, eu via, esguio e doente,
o pálido Pierrot recurvo do crescente...
Assim te procurei, entre as balsas amigas,
tendo no peito um sonho e no lábio cantigas,
só porque, meu amor, uma noite, num banco,
eu encontrara olhar de um triste Pierrot branco.

PIERROT

Não! Não era um olhar! Ardia nessa chama
toda a angústia do meu peito que te ama.
Nosso corpo é tal qual uma torre fechada
onde sonha, em seu bojo, uma alma encarcerada.
Mas se o corpo é essa torre em carne e sangue erguida,
o olhar é uma janela aberta para a vida,
e, na noite de cisma, enevoada e calma,
na janela do olhar se debruça nossa alma!

COLOMBINA, *languidamente abraçada a Pierrot:*

Olha-me assim, Pierrot... Nada mais belo existe
que um Pierrot muito branco e um olhar muito
         triste...

Os teus olhos, Pierrot, são lindos como um verso.
Minh'alma é uma criança, e teus olhos um berço
com cadência de vaga e, à luz do teu olhar,
tenho ânsias de dormir, para poder sonhar!
Olha-me assim, Pierrot... Os teus olhos dardejam!
São dois lábios de luz que as pupilas me beijam...
São dois lagos azuis à luz clara do luar...
São dois raios de Sol prestes a agonizar...
Olha-me assim, Pierrot... Goza a felicidade
de poluir com esse olhar a minha mocidade
aberta para ti como uma grande flor,
meu amor... meu amor... meu amor...

PIERROT

> Meu amor!

Colombina e Pierrot abraçaram-se
ternamente. Há, como um cicio de
beijos entre os canteiros dos lírios.
Arlequim, vendo-os, sai da treva e,
com voz firme, chama:

ARLEQUIM

Colombina!

COLOMBINA, *voltando-se assustada:*

Quem é?

ARLEQUIM

Sou alguém, cuja sina foi amar, com Pierrot, a mesma Colombina. Alguém que, num jardim, teve o sublime ensejo de beijar-te e jamais se esquecer desse beijo!

COLOMBINA, *desprendendo-se de Pierrot:*

Tu, querido Arlequim!

ARLEQUIM, *galanteador:*

O Arlequim que te adora... Que te buscava há tanto e que te encontra agora.

COLOMBINA

Eu procurei-te em vão, mas te esperava ainda.

ARLEQUIM *a Pierrot*:

Ela está mais mulher...

PIERROT, *num êxtase:*

Ai! Ela está mais linda!

ARLEQUIM, *enfatuado, a Colombina:*

És linda, meu amor! Nessas formas perpassa
na cadência do Ritmo, a leveza da Graça.
Teus braços musicais, curvos como perfídias,
têm a graça sensual de uma estátua de Fídias.
Não sendo inda mulher, nem sendo mais criança,
encarnas, grande e viva, a Flor-de-Lis de França...
Sobe da anca uma curva ondulante que chega
a teu corpo plasmar como uma ânfora grega
e é teu vulto triunfal, longo, heráldico, esgalgo,
coleante como um cisne e esbelto como um galgo!

Lindo!

COLOMBINA, *fascinada:*

ARLEQUIM

E não disse tudo... E não disse do riso
boêmio como um ébrio e claro como um guizo.
E ainda não falei dessa voz de sereia
que, quando chora, canta, e quando ri, gorjeia...
Não falei desse olhar cheio de magnetismo,
que fulge como um astro e atrai como um abismo,
e do beijo, que como uma carícia louca,
inda canta em meu lábio e inda sinto na boca!

COLOMBINA, *com uma voz sombria de volúpia:*

Fala mais, Arlequim! Tua voz quente e langue
tem lascivo sabor de pecado e de sangue.
O venenoso amor que tua boca expele
põe-me gritos na carne e arrepios na pele!
Fala mais, Arlequim! Quando te escuto, sinto
o desejo explodir das potências do instinto,
o brado da volúpia insopitada, a fúria
do prazer latejando em uivos de luxúria!
Fala mais, Arlequim! Diz o ardor que enlouquece

a amada que se toca e aos poucos desfalece,
e que, cega de amor, lábio exangue, olhar pasmo,
agoniza num beijo e morre num espasmo.
Fala mais, Arlequim! Do monstruoso transporte
que, resumindo a vida, anseia pela morte,
dessa angústia fatal, que é o supremo prazer
da glória de se amar, para depois morrer!

>PIERROT, *num soluço:*

Ai de mim!...

>COLOMBINA, *como desperta:*

Tu, Pierrot!

>PIERROT, *num fio de voz:*

>Ai de mim que, tristonho,
trazia à tua vida a oferta do meu sonho...
Pouca coisa, porém... Uma alma ardente e inquieta
arrastando na terra um coração de poeta!
Na velha Ásia, a Jesus, em Belém, um Rei Mago,
não tendo ouro, partiu através de Cartago,
atravessando a Síria, o Mar Morto infinito,

a ruiva e adusta Líbia, o mudo e fulvo Egito,
as várzeas de Giseh, o Hebron fragoso e imenso,
só para lhe ofertar uns grânulos de incenso...
Também vim, sonhador, pela vida, tristonho,
trazer-te o meu amor no incenso do meu sonho.

    COLOMBINA, *com ternura:*

Como te amo, Pierrot...

    ARLEQUIM

              E a mim, cujo desejo
te abriu o coração com a chave do meu beijo?
A tua alma era como a Bela Adormecida:
o meu beijo a acordou para a glória da vida!

    COLOMBINA, *fascinada:*

Como te amo, Arlequim!...

    PIERROT

    *desvairado pelo ciúme, apertando-lhe
    os pulsos, numa voz estrangulada:*

A incerteza que esvoaça desgraça muito mais do que a própria desgraça. Escolhe entre nós dois... Bendiremos os fados sabendo o que é feliz, entre dois desgraçados!

ARLEQUIM

Dize: queres-me bem?

PIERROT

Fala: gostas de mim?

COLOMBINA, *hesitante*:

A Pierrot:

Eu amo-te, Pierrot...

A Arlequim
...Desejo-te, Arlequim...

ARLEQUIM, *soturnamente:*

A vida é singular! Bem ridícula, em suma... Uma só, ama dois... e dois amam só uma!....

COLOMBINA, *sorrindo e tomando ambos pela mão:*

Não! Não me compreendeis... Ouvi, atentos, pois
meu amor se compõe do amor de todos dois...
Hesitante, entre vós, o coração balanço:

        A Arlequim:

O teu beijo é tão quente...
                              A Pierrot:

                  O teu sonho é tão manso...

Pudesse eu repartir-me e encontrar minha calma
dando a Arlequim meu corpo... e a Pierrot a
                                minh'alma!
Quando tenho Arlequim, quero Pierrot tristonho,
pois um dá-me o prazer, o outro dá-me o sonho!
Nessa duplicidade o amor todo se encerra:
um me fala do Céu... outro fala da Terra!
Eu amo, porque amar é variar, e em verdade
toda a razão do amor está na variedade...
penso que morreria o desejo da gente
se Arlequim e Pierrot fossem um ser somente,
porque a história do amor pode escrever-se assim:

PIERROT

Um sonho de Pierrot...

ARLEQUIM

E um beijo de Arlequim!

MOISÉS
(RELIGIOSO) (FRAGMENTO)
(1917)

CANAÃ

(Junto do Nebo. A paisagem é de urzes e de abrolhos; o céu baixo como um íncubo. Amoç, Akhar, Míriam, curvados pela idade, torcem as mãos trêmulas para o ar. O vento espalha os longos cabelos e barbas da turba encanecida. A velhice chegou. Nos olhos despontados por um crepúsculo de cegueira embaça-se o perfil de Canaã. Só o Filho é moço e para ele começaram o Sonho e a Vertigem.)

AKHAR (*a Míriam*)

Deixa esses modos tristonhos
e a febre que te incendeia...
Castelos feitos de sonhos
têm alicerces de areia.

E o sonho que, de alma gasta
persegues, porque o não percas,
quanto mais dele te acercas,
tanto mais ele se afasta.

Negaças de uma ventura
que se anseia e não se alcança;
promessa feita à esperança,
tributo pago à amargura...

Mocidade! Lá estás nos acasos da viagem,
num perfume de flor e na ilusão crescente
deste sonho que alcanço e se esvai finalmente
numa nesga de céu, num vento de miragem...

Quando parti, sorria, embriagante e feito
de névoa o sonho e quis possuí-lo, pobre louca!
E o coração, o doido eterno, o fantasista,
atirou-se confiante à almejada conquista,
pondo-me risos na boca
e sonhos no peito.
Rasguei minh'alma ensangüentada, entre os sarçais
das mágoas e esvaziei na aclividade
dura, sonhos que tive e que não tenho mais,
farrapos de ilusões, nesgas de mocidade.

E cada dor vincava no meu rosto
um sulco e lá deixei naquelas horas
ledas,
de manhã ao sol posto,
risos que tinham sons cristalinos de moedas,
sonhos que tinham cor resplendente de auroras...
Tudo deixei e vim, avergoada e suxa,
ver isto, como quem, cheio de tédio e asco,
grimpa a abrupta recosta híspida de um penhasco,
para afinal colher uma camélia murcha!

AMOÇ

Mão tateante, esmarrida, aperta a bruma, cinge
olhar este vazio e, coração, a ansiada
febre, apaga afinal, ó tu de mágoa cheio...
Canaã! Canaã! indecifrada esfinge,
mentira eterna atrás da qual minh'alma, ansiada,
gastando sonhos de oiro e mocidade, veio...

E, no azul volvendo o meu
olhar de brilhos doentes,
penso que estrelas cadentes
são lágrimas do céu.

Filho *(fitando o horizonte,*
       bruscamente abre os olhos
       cheios de imagens maravilhosas
       e brada transfigurado)

Eu vejo Canaã, eu que não via... A fita
do horizonte desenha esse ideal!

AMOÇ

E após?

FILHO

É como um lenço azul que acena e que se agita,
a chamar para o sonho...

AMOÇ

E a despedir de nós!

FILHO

Eu vejo Canaã! Atrás dele, fremindo,
agitaste teu sonho em plena embriaguez...
Tinhas os pés em chaga e teus lábios sorrindo...

Taça que vai à boca, água que não se prove!
Quem és tu, Canaã, ó ventura erradia?
Desejo de alcançar um bem que não sacia,
um bem que é desejar o que a gente deseja.
Terra da Promissão, que a treva te proteja.
Ilusão! Ilusão que a gente em vão persegue,
que não te alcance nunca o braço que te segue,
que não te enxergue o olhar que te anda a procurar!
Porque, Desejo, és tu a Terra Prometida
e o que nos faz viver um pouco nesta Vida,

é o desejo sem fim de sempre desejar!

> *(E o Filho, encarnando uma geração nova,*
> *com os olhos fitos num sonho distante,*
> *parte, buscando a mentira de Canaã.)*

FIM DO POEMA

Canaã! Ei-la... quem dera
possuí-la um só momento...
Mas ai! se esvai como o vento,
e foge como a quimera...

E, mais crente de que um monge,
a alma em seu encalço pena.
Alcanças? E ela serena
foge e sorri de mais longe...

E no seu rastro, em medonhos
silvedos de dor, tu deixas,
entre gemidos e queixas,
a alma em farrapos de sonhos.

E dizes desconsolada,
vendo a estrada percorrida:
– Que quer dizer esta estrada?

(profundamente triste)

É a Vida, Míriam, é a Vida!

MÍRIAM

Canaã! Canaã! Ó mentiroso termo
de misérias, bem vês que as gelhas me avelharam
o rosto, e o coração a angústia dilacera...
É o meu corpo enfermo,
uma rota prisão, em ruínas, que encarcera
uma alma de onde há muito as ilusões voaram.

Eu vim, sem mais ardor e desfibrado o músculo,
cego o olhar, alvas cãs, murcho como um covarde,
sob a injúria do sol, do vento sob o açoite...
Mas vim para, afinal, da vida no crepúsculo,
ver um sonho azular nas brumas de uma tarde,
desfazer-se, depois, nas trevas de uma noite...

Quanto sonho perdi, perdulário, na caça
deste nada; afinal entre urzes e entre escolhos
lutei para, depois que a mágoa me esmagou,
tender ambas as mãos a uma névoa que passa,
enxergar um vazio estúpido ante os olhos,
e convencer-me, enfim, que a vida se acabou!

A TURBA

É tanta a dor que debruça
no meu olhar este pranto,
que até vejo a cada canto
a dor de alguém que soluça.

Se saio no campo, além,
por onde as mágoas espalho,
eu, vendo as gotas de orvalho,
cuido que é pranto também.

Vendo o tronco que a era enflora,
e de onde a resina desce,
vejo uma alma que padece,
cuido até que o tronco chora....

Esta dor tanto me encerra
na sua garra traiçoeira,
que, ao ver chorar a cachoeira,
cuido ver chorar a terra.

AMOÇ

Sim, mas quando alcancei, das mãos se me desfez...

FILHO

Eu o vejo! Que lindo! Estas ânsias nevoentas
hei de saciar, de vez, nesse sonho fugaz...
Quero-o sentir vibrar nas minhas mãos febrentas!

AMOÇ

Gastará toda a vida e nunca o alcançarás...

AKHAR

Não vás, que é ilusão! Quando teu braço ansiado
apertar esse sonho, após que a luta em suma,
rasgar-te a vida a meio e estragar-te o passado,
apertarás nas mãos uns farrapos de bruma.
Essa ilusão que crês ser um país bendito,
que te chama, de longe, ao termo da viagem,
é a força mendaz de um desejo infinito,
que te arrasta a sofrer atrás de uma miragem!

FILHO

Eu quero desejar! Quero o país que vejo,
seja a sombra de um sonho ou o vácuo de um desejo!
Que seja o desejar a força que nos guie
e, acabando num fim, desse fim principie,
se multiplique, anseie e cresça e se renove...

JESUS
(RELIGIOSO) (FRAGMENTO)
(1917)

(Os servos trazem a bacia, o jarro e a toalha.)

PILATOS *(ao povo):*

Eu lavo minhas mãos.

LÍVIA:

Olha! A bacia é sangue!

(Pilatos olha, horrorizado. Suas mãos estão escarlates... Vestiram, de novo, a túnica em Jesus. Na multidão, homens ferozes arrastam a cruz. O divino Messias desce as escadas, lendo e majestoso. A turba agita-se, uiva, insulta-o. Põe-lhe a cruz nas costas. Cristo, iluminado fortemente, olha para o alto, transfigura-se e deixa cair, lentas, estas palavras).

JESUS:

Perdoa-lhes, meu Pai. Não sabem o que fazem.

(Começa de novo o cântico, processional
e sinistro, da "via crucis". A multidão se afasta.
O palco fica vazio. A cidade no escuro.
Só o átrio do Pretório está iluminado.
Nele, imóvel como uma estátua, Pilatos.
Muda como uma sombra, Lívia).

LÍVIA *(como sonhando):*

Algo de imenso e horrendo... Algo como um destino...
Apareceu-me em sonho: era uma nuvem de oiro
num céu cheio de luz... Sorriu. Não disse nada.
Mas tive a sensação que uma força invisível
me arrebatava ao céu e de lá eu vi Roma!
Vi a devassidão, a luxúria, a rapina,
o egoísmo feroz, irmãos escravizando
irmãos. Eu vi Tibério entre as vinhas de Capri, ébrio,
                    da bacanal a governar o mundo
cego de cupidez, de sensualidade...
Vi as brutais legiões se espraiando por todos
os recantos do mundo, ansiosas de conquista,
a chapinhar os pés na lama das sangueiras.
O direito do forte; a religião da gula;
o delírio do luxo; a insensatez da glória!

(numa voz surda):

Depois... Senhor, depois, vi mendigos sem teto...
Vi crianças sem pão... Vi servos nas galeras
a remar e a morrer de cansaço e de sede...
Então ele falou: "Ó Lívia não tens pena?
Abre os olhos e vê. Um milagre se opera:
duas civilizações se debatem nesta hora,
a arrogância de Roma e a piedade de Cristo..."

  PILATOS *(num fio de voz):*

Oh, Lívia!... Tu sonhaste...

    LÍVIA

     Eu sonhei, mas meus sonhos
mal espelham, talvez, a trágica verdade...
E hoje se consumou o mais horrendo drama:
a inocência na cruz e o crime sobre o trono...

   (Silêncio)

Pilatos, meu senhor, adeus...

     (*Desce a escada lentamente*)

PILATOS

Escuta! Esqueces que César me investiu da sua autoridade. Tibério...

(mostra o busto de Tibério):

Ele está aqui... Ele é o deus dos romanos... Ele é Roma imortal!

LÍVIA

Esse ídolo de barro por terra rolará; com ele, seu império... Adeus...

PILATOS

Deixas-me só? Por Júpiter! Que fazes?

LÍVIA

Eu pertenço a Jesus...

PILATOS

E eu, Lívia?

LÍVIA

És de Roma.

* * *

CENA

(O canto longínquo continua, fúnebre, em surdina. Judas entra. Parece alucinado. Pilatos e Judas, o primeiro no alto do átrio, junto do busto de Tibério, e o outro na lama da rua, contemplam-se mudos)

PILATOS

E ele?

JUDAS

Ele morreu...

PILATOS

E tu?

JUDAS

São trinta brasas do inferno que aqui estão! Ardem mais do que o fogo!...

(Atira a sacola de moedas junto do pedestral do busto de Tibério).

Toma-as...

(Sai).

(Pilatos, ao gesto brusco de Judas, recua. Esbarra na estátua, que cai aos seus pés, feita pedaços. Contempla os cacos, horrorizado, e sussurra):

Mas que foi? César? O império? Roma?

(PANO)

(Um cântico celestial, cujos primeiros acordes se ouviram em cena aberta, forte e imenso, se ergue vitorioso e cessa)

(FIM DA TRAGÉDIA)

LAUS DEO
1933

JUCA MULATO
(1917)

GERMINAL

I

Nuvens voam pelo ar como bandos de garças.
Artista boêmio, o sol, mescla na cordilheira
                               pinceladas esparsas
de ouro fosco. Num mastro, apruma-se a bandeira
de S. João, desfraldando o seu alvo losango.

Juca Mulato cisma. A sonolência vence-o.

Vem na tarde que expira e na voz de um curiango,
o narcótico do ar parado, esse veneno
que há no ventre da treva e na alma do silêncio.

Um sorriso ilumina o seu rosto moreno.

No piquete relincha um poldro; um galo álacre
tatala a asa triunfal, ergue a crista de lacre.
clarina a recolher e entre varas de cerdos,
mexem-se ruivos bois processionais e lerdos
e, num magote escuro, a manada se abisma
na treva.

      Anoiteceu.
          Juca Mulato cisma.

II

Como se sente bem recostado no chão!
Ele é como uma pedra, é como a correnteza,
uma coisa qualquer dentro da natureza
amalgamada ao mesmo anseio, ao mesmo amplexo,
a esse desejo de viver grande e complexo,
que tudo abarca numa força de coesão.

Compreende em tudo ambições novas e felizes,
tem desejo até de rebrotar raízes,
                              deitar ramas pelo ar.
sorver, junto da planta, e sobre a mesma leiva,
o mesmo anseio de subir, a mesma seiva,
romper em brotos, florescer, frutificar!

III

"Que delícia viver! Sentir entre os protervos
renovos se escoar uma seiva alma e viva,
na tenra carne a remoçar o corpo moço..."
E um prazer bestial lhe encrespa a carne e os nervos,
afla a narina; o peito arqueja; uma lasciva

onda de sangue lhe incha as veias do pescoço...
Ei-lo supino e só na noite vasta. Um cheiro
acre, de feno, lhe entorpece o corpo langue;
                              e, no torso trigueiro,
enroscam seus anéis serpentes de desejos
e um pubescente ansiar de abraços e de beijos
incendeia-lhe a pele e estua-lhe no sangue.

Juca Mulato cisma.

                        Escuta a voz em coro
dos batráquios, no açude, os gritos soluçantes
do eterno amor dos charcos.
É ágil como um poldro e forte como um touro;
no equilíbrio viril dos seus membros possantes
há audácias de coluna e a elegância dos barcos.

O crescente, recurvo, a treva, em trilhos frange,
e, na carne da noite imerge-se e se abisma.
Como, num peito etíope, a ponta de um alfange.
Juca Mulato cisma ...

                        A natureza cisma.

IV

Aflora-lhe no imo um sonho que braceja;
estira o braço; enrija os músculos; boceja;
supino fita o céu e diz em voz submissa:
"Que tens, Juca Mulato?..." e, reboleado na erva,
sentindo esse cansaço irritante que o enerva,
deixa-se, mudo e só, quebrado de preguiça.

Cansado ele? E por quê ? Não fora essa jornada
a mesma luta, palmo a palmo, com a enxada
a suster, no café, as invasões da aninga?
E, como de costume, um cálice de pinga,
um cigarro de palha, uma jantinha à-toa,
um olhar dirigido à filha da patroa?
Juca Mulato pensa: a vida era-lhe um nada...
Uns alqueires de chão; o cabo de uma enxada;
um cavalo pigarço; uma pinga da boa;
o cafezal verdoengo; o sol quente e inclemente...

Nessa noite, porém, parece-lhe mais quente,
                    o olhar indiferente,
                        da filha da patroa...

"Vamos, Juca Mulato, estás doido?" Entretanto,
tem a noite lunar arrepios de susto;
parece respirar a fronte de um arbusto,
o ar é como um bafo, a água corrente, um pranto.
Tudo cria uma vida espiritual, violenta.
O ar morno lhe fala; o aroma suave o tenta...
"Que diabo!" Volte aos céus as pupilas, à-toa,
e vê, na Lua, olhar da filha da patroa...
Olha a mata; lá está! o horizonte lho esboça;
pressente-o em cada moita; enxerga-o em cada poça;
e ele vibra, e ele sonha, e ele anseia, impotente,
esse olhar que passou, longínquo e indiferente!

V

Juca Mulato cisma. Olha a Lua e estremece.
Dentro dele um desejo abre-se em flor e cresce
e ele pensa, ao sentir esses sonhos ignotos,
que a alma é como uma planta, os sonhos como
                                                              brotos,
vão rebentando nela e se abrindo em floradas...

Franjam de ouro, o ocidente, as chamas das
                                                              queimadas.

Mal se pode conter de inquieto e satisfeito.
Adivinha que tem qualquer coisa no peito,
e, às promessas do amor, a alma escancara ansiado,
como os áureos portais de um palácio encantado!...

Mas, a mágoa que ronda a alegria de perto,
entra no coração sempre que o encontra aberto...

Juca Mulato sofre... Esse olhar calmo e doce
fulgiu-lhe como a luz, como luz apagou-se.

Feliz até então, tinha a alma adormecida...
Esse olhar que o fitou, o acordou para a vida!
A luz que nele viu deu-lhe a dor que ora o assombra,
como o Sol que traz a luz e, depois, deixa a sombra...

VI

E, na noite estival, arrepiadas, as plantas
tinham na negra fronde umas roucas gargantas
bradando, sob o luar opalino, de chofre:
"Sofre, Juca Mulato, é tua sina, sofre...
Fechar ao mal de amor nossa alma adormecida
é dormir sem sonhar, é viver sem ter vida...

Ter a um sonho de amor o coração sujeito
é o mesmo que cravar uma faca no peito.
Esta vida é um punhal com dois gumes fatais:
não amar, é sofrer; amar, é sofrer mais!"

VII

E, despertando à Vida, esse caboclo rude,
alma cheia de abrolhos,
notou, na imensa dor de quem se desilude
que, desse olhar que amou, fugitivo e sereno,
só lhe restara ao lábio um trago de veneno,
uma chaga no peito e lágrimas nos olhos!

A SERENATA

– Canta, Juca Mulato...
                    Ele pega na viola;
o seu dedo nervoso os machetes esfola.
Solta um gemido triste o aço teso vibrado,
como o grito de dor de um peito esfaqueado.
É tão suave a canção, tão dolente e tão langue,
que cada nota lembra uma gota de sangue
a fluir e a pingar dos lábios de uma chaga.
É noite. A brisa sopra uma carícia vaga.

A turba atenta espera. O terreiro tem brilhos
quando, de chapa, a Lua esplende nos ladrilhos,
e, sentindo a paixão estuar-lhe na garganta
                    Juca Mulato canta:

> "Veio coleante, essa mágoa
> arrastas triste e submisso;
> também choro, veio d'água,
> sem que ninguém dê por isso...
>
> Saltas nos seixos de chofre.
> Choras... No mundo inclemente,
> só não chora quem não sofre,
> só não sofre quem não sente...

Procuras, dentre os abrolhos,
ver o céu que astros povoaram.
Eu também procuro uns olhos,
que nunca me procuraram...

Os céus não vêem tua mágoa,
nem estas ela adivinha....
Veio d'água, veio d'água,
tua sorte é igual à minha.

Ora em bolhas vãs tu medras,
eu em sonhos bem mesquinhos.
Teu leito é cheio de pedras,
Minha alma é cheia de espinhos...

Se uma rama se desfolha
sobre o teu dorso e resvala,
corres doido atrás da folha
Sem poder nunca alcançá-la.

Às vezes, também, risonho,
um sonho minh'alma junca.
Corro doido atrás do sonho
sem poder tocá-lo nunca.

Ventura... Doida corrida
de uma folha sobre um veio.
Folha... Esperança perdida
de um bem que nunca me veio.

Assim vou, sangrando mágoa
e doido, para onde for,
veio d'água, veio d'água
corro atrás da minha dor!"

ALMA ALHEIA

I

"Que tens, Juca Mulato?"

                       Uma tristeza mansa
embaça-lhe o fulgor dos olhos de criança.
Ele é outro... Um langor anda a abrasar-lhe a pele.
Não sabe definir o que de novo há nele.
Fuma e segue pelo ar uma espiral que esvoaça,
pensa que seu destino é igual a essa fumaça...
"A vida é mesmo assim..." ele cisma tristonho.
"Sai do fogo da dor a fumaça do sonho"...

Da cocheira, um nitrir, de intervalo a intervalo,
vibra no ar... É o Pigarço. Esse pobre cavalo
anda esquecido e há muito tempo que, sozinho,
sente a falta que faz o calor de um carinho.
Juca Mulato todo o dia vinha vê-lo...
Afagava-lhe o dorso, acamava-lhe o pêlo,
e ele, baixando, quieto, as pálpebras vermelhas,
nitrindo e resfolegando, espetava as orelhas...
Juca Mulato, então, numa voz doce e calma
dizia-lhe baixinho o que ele tinha n'alma.
Coisa de pouca monta: umas fanfarronadas
uns receios pueris, façanhas de caçadas,

desafios na viola em noites de luar;
coisas que tinha pejo até de lhe contar,
que sussurrava a custo, onde, por entre os dentes,
a gente adivinhava, umas frases ardentes:
bocas mordendo um seio, em que os bicos quentinhos
tinham a cor da rosa e a ponta dos espinhos...
Ele ria, e a risada espocava-lhe aos pinchos
e o pigarço sisudo explodia uns relinchos
que diriam, talvez, traduzidos em frases:
"Toma tento, Mulato! Olha bem o que fazes..."
Juca afagando-o, então, murmurava contente:
"Pigarço, você tem uma alma como a gente!"

*
* *

Hoje, anda abandonado e pesa-lhe o abandono.
Há no seu manso olhar saudades de seu dono.
Quem não vê nesse olhar úmido e cor de enxofre,
                              que esse cavalo sofre?

II

Vê uma ave voar na tarde calma e suave,
Vem-lhe o desejo absurdo e doido de ser ave.
Quando junto a uma fonte acaso se debruça,
se a corrente soluça, ele também soluça...
Depois, envergonhado, encolhe-se; procura
no seu imo, o porquê dessa vaga ternura.
Até, vendo uma flor, comove-se, suspira...
"Juca: toma cuidado... Estás ficando gira...
deixa de te arrastar, como um doido qualquer
atrás da tentação de uns olhos de mulher!"

E resolve, consigo, ir altivo insolente,
fingir que não padece e mostrar que não sente;
montar o seu pigarço; atacar a restinga
às foiçadas, beber um cálice de pinga
na venda do caminho, e, entre parvos caipiras,
de mistura, contar três ou quatro mentiras,
onde lampeja a faca; onde, aos uivos e aos brados
põe em fuga, triunfante, um bando de soldados!

Revive na ilusão! Ele é outro! Salvou-se!

Insidioso, de novo, um olhar meigo e doce
o alucina, o subjuga, o domina, o amolece...

E nem sabe por que, humilhado, obedece
à sugestão da luz que cintila naquele
lânguido e triste olhar; que nunca olhou para ele.

FASCINAÇÃO

I

Tudo ama!
As estrelas no azul, os insetos na lama,
a luz, a treva, o céu, a terra, tudo,
num tumultuoso amor, num amor quieto e mudo,
tudo ama! tudo ama!

Há amor na alucinada
fascinação do abismo,
amor paradoxal, humano e forte,
que se traduz nas febres do sadismo,
nessa atração perpétua para o Nada,
nessa corrida doida para a Morte.

Por isso, quando as lianas,
em lascívias florais cercam de braços
o tronco hirsuto e grosso,
têm, no amplexo mortal, crueldades humanas.
Há no erótico ardor de enlaçá-lo, abraçá-lo,
a assassina violência de dois braços
crispados num pescoço,
atenazando-o para estrangulá-lo!

É que o amor quer a morte. Num momento
resume a vida, os loucos entusiasmos
dos supremos espasmos...
Nesse furor que o invade,
tem a volúpia da ferocidade,
tem o delírio do aniquilamento!

É por isso que sempre vês, por tudo,
uma luta de morte, um desespero mudo:
a insídia da raiz que mina a terra e a esgota;
o caule que ergue o fuste; a rama, em sobressalto,
agitando pelo ar a própria dor ignota,
no torturante amor do mais puro e mais alto!

II

E, na noite estival,
enchendo o Espaço e o Tempo, a Luz e a Treva,
o turbilhão fantástico se eleva,
do Amor Universal.
Tudo ama!
As estrelas no azul, os insetos na lama,
A luz, a treva, o céu, a terra, tudo,
num tumultuoso amor, num amor quieto e mudo,
tudo ama! Tudo ama!...

III

Juca Mulato freme. Imerge os olhos entre
as estrelas curiosas.
Não sabe que anda o amor nos espaços profundos
a fecundar o ventre
das próprias nebulosas
na eterna gestação de novos mundos...

Ele é a matriz da vida, multiplica
seres e coisas, numa força eterna;
cria o verme, animais que andam de rastros.
Mata e ressurge, estiola e frutifica,
e, pelo espaço rútilo, governa
a prodigiosa rotação dos astros!

E a vertigem do amor, fascinadora,
tudo arrasta, fantástica, nos braços;
e a terra, que palpita, canta e chora,
ora imersa na treva, ora imersa na aurora,
leva através do Tempo e dos Espaços...

Acendendo no olhar um lampejo divino,
Juca Mulato cede à vertigem que o enlaça,

        e brada num transporte:
"Arrasta-me, também, no turbilhão que passa!
         Leva-me ao teu destino,
Amor que vens da Vida e que vais para a Morte!"

LAMENTAÇÕES

I

"Amor?
    Receios, desejos,
promessas de paraísos,
Depois sonhos, depois risos,
    depois beijos?

Depois...
    E depois, amada?
Depois dores sem remédio.
depois pranto, depois tédio,
    depois... nada!"

II

"Também, como esse bosque eu tive, outrora
na alma, um bosque cerrado de emoções.
As palmeiras das minhas ilusões
iam levando o fuste espaço a fora.

Floriam sonhos; era uma pletora
de crenças, de desejos, de ambições...
Não havia, por todos os sertões,
mais luxuriante e mais violenta flora.

Ai! bosque real, é o tempo das queimadas!...
É agosto, é agosto! fogo arde o que existe
em turbilhões sinistros e medonhos.

Ai de nós!... Somos almas desgraçadas,
pois, na luz de um olhar lânguido e triste,
também ardeu o bosque dos meus sonhos..."

III

"Água cantante, soluçante, esse gemente
marulho triste, quantas tristes cismas traz...
E fica incerta, ao ouvir-te a voz, a dor da gente,
se vais cantando por ansiar o que há na frente,
ou soluçando pelo que deixaste atrás...

Água cantante, água estuante, é singular
a semelhança em que te iguala à minha sorte:
vais para a frente e nunca mais hás de voltar,
vens da montanha e vais correndo para o mar,
venho da vida e vou correndo para a morte.

Água cantante, ai, como tu, esta alma embrenho
nas incertezas de caminhos que não sei...
E, na inconstância em que me agito, só obtenho
esta ânsia imensa de deixar o que já tenho,
depois a dor de não ter mais o que deixei!"

IV

"Tenho uma santa em casa; o seu olhar encanta.
O olhar dela é, porém, igualzinho ao da santa.

Quando rezo, nem sei, à dúbia luz da vela,
se me dirijo à santa ou me dirijo a ela.

Esse olhar que, de meigo, é como o olhar da corça,
tem, na própria fraqueza, a sua própria força.

Quando o fito, a minha alma enche-se da incerteza
que há na canoa sem dono à flor da correnteza.

Ele é tal qual o Sol que, indiferente e mudo,
sem saber quem aclara, anda aclarando tudo...

Mas no olhar que o fitou brilha, constantemente,
um reflexo de luz ambicionada e ausente.

Eu nunca vi o mar, mas vendo esse olhar penso
num barco que se afasta, onde se agita um lenço...

Ou no doido terror que, em meio de procelas,
há num casco sem leme ou num barco sem velas...

Creio ver o meu vulto em teus olhos, tão vago
como as sombras que espalha a água morta
                                      de um lago.

Eu bem sei que, tal qual na líqüida planície,
o meu vulto não vai além da superfície.

Fica à tona, a boiar nessa pupila absorta,
como na água parada alguma folha morta..."

V

"Pigarço: a dor me aquebranta...
Quando lembro o olhar que adoro
e que nunca esquecerei,
ai! sinto um nó na garganta,
e choro, Pigarço, choro,
eu que até chorar não sei...

Quando, a trote, ela nos via,
debruçada na janela,
nós levávamos, após,
com o pó que do chão se erguia,
o nosso olhar cheio dela,
e o dela, cheio de nós...

Então, pouco me importava
que seu olhar nos seguisse...
Galopava-se a valer...
Quando esse olhar eu olhava,
era como se o não visse,
tanto o olhava sem o ver!

Hoje pago essa ousadia...
Ela os olhos de mim tolhe.

Queixar-me disso por quê?
Antes era eu que a não via
Agora, por mais que me olhe,
é ela quem não me vê.

Sou um caboclo do mato,
que ronda a luz de uma estrela...
Já viste uma coisa assim?
E o pobre Juca Mulato
morrerá por causa dela,
e tu, por causa de mim...

Eu, da luz desse olhar garço,
tu, da dor que te machuca
morreremos e, depois,
eu fico sem meu pigarço,
meu Pigarço sem seu Juca,
e o olhar dela... sem nós dois!"

PRESSÁGIOS

I

Juca Mulato sofre. Em cismas se aquebranta.

Uma viola geme; uma voz triste canta:

> "Antes de amar eu dizia:
> "Para cortar na raiz
> esta constante agonia,
> preciso amar algum dia,
> amando serei feliz."

> "Amei... Desventura minha!
> Quis curar-me e piorei.
> O amor só mágoas continha,
> e, aos tormentos que eu já tinha,
> novos tormentos juntei!"

II

A cantiga, a gemer, nos ecos agoniza.
A vaga sugestão dessa angústia imprecisa
contamina-lhe a dor que o tortura sem pausa.
Juca sofre... Por quê? Não adivinha a causa.
Só sabe, que em seu peito, o olhar amado e langue
deixa um rastro de luz como um rastro de sangue...

Tornou-o, pouco a pouco, a imensa dor que o oprime,
pálido como a cera e magro como um vime.
Tem olheiras cercando os grandes olhos lassos
cor do manto que traz Nosso Senhor dos Passos
quando carrega a cruz na procissão das Dores,
no mais tristonho andor de todos os andores...

Mas por que sofre assim? Talvez mesmo ande nisso
artimanhas do Demo e coisas de feitiço...
Precisa sem demora, ir uma sexta-feira,
à tapera do Roque, abrir sua alma inteira,
contar-lhe o mal que sofre e do peito arrancar
essa mágoa, essa luz, esse amor, esse olhar!

A MANDINGA

Juca Mulato apeia.
                        É macabro o pardieiro.
Junto à porta cochila o negro feiticeiro.
A pele molambenta o esqueleto disfarça.
Há uma faísca má nessa pupila garça,
quieta, dormente, como as águas estagnadas.

Fuma: a fumaça o envolve em curvas baforadas.
Cuspinha; coça a perna onde a sarna esfarinha
a pele; pachorrento inda uma vez cuspinha.

Com o seu sinistro olhar o feiticeiro mede-o.

– Olha, Roque, você me vai dar um remédio.
Eu quero me curar do mal que me atormenta.

– Tenho ramos de arruda; urtigas; água benta;
uma infusão que cura a espinhela e a maleita;
figas para evitar tudo que é coisa feita...
Com uma agulha e um cabelo, enroscado a capricho,
à mulher sem amor faço criar rabicho.

Olho um rastro; depois de rezar um bocado
vou direitinho atrás do cavalo roubado.
Com umas ervas que sei, eu faço, de repente,

do caiçara mais mole, um caboclo valente!
Dize, Juca Mulato, o mal que te tortura.

– Roque, eu mesmo não sei se este mal tem cura...

– Sei rezas com que venço a qualquer mau olhado;
breves para deixar todo o corpo fechado.
Não há faca que o vare e nem ponta de espinho;
fica o corpo tal qual o corpo do Dioguinho...
Mas de onde vem o mal que tanto te abateu?

– Ele vem de um olhar que nunca será meu...
Como está para o Sol a luz morta da estrela,
a luz do próprio Sol está para o olhar dela...
Parece o seu fulgor, quando o fito direito,
uma faca que alguém enterra no meu peito,
veneno que se bebe em rútilos cristais,
e, sabendo que mata, eu quero beber mais...

– Eu já compreendo o mal que teu peito povoa.
De quem é esse olhar?

                              – Da filha da patroa.

– Juca Mulato! Esquece o olhar inatingível!
Não há cura, ai de ti! para o amor impossível.
Arranco a lepra ao corpo; estirpo da alma o tédio;
só para o mal de amor nunca encontrei remédio...
Como queres possuir o límpido olhar dela?

Tu és tal qual um sapo a querer uma estrela...
A peçonha da cobra eu curo... Quem souber
cure o veneno que há no olhar de uma mulher!
Vencendo o teu amor, tu vences teu tormento.
Isso conseguirás só pelo esquecimento.
Esquecer um amor dói tanto que parece
que a gente vai matando um filho que estremece,
ouvindo, com terror, no peito, este estribilho:
"Tu não sabes, cruel, que matas o teu filho?"
E, quando se estrangula, aos seus gemidos loucos,
a gente quer que viva... e vai matando aos poucos!
Foge! Arrasta contigo essa tortura imensa,
que o remédio é pior do que a própria doença,
pois, para se curar um amor tal qual esse...

– Que me resta fazer?

– Juca Mulato: esquece!

A VOZ DAS COISAS

E Juca ouviu a voz das coisas. Era um brado:
"Queres tu nos deixar, filho desnaturado?"

E um cedro o escarneceu: "Tu não sabes, perverso,
que foi de um galho meu que fizeram teu berço?"

E a torrente que ia rolar para o abismo:
"Juca, fui eu quem deu a água do teu batismo".

Uma estrela, a fulgir, disse da etérea altura:
"Fui eu que iluminei a tua choça escura
no dia em que nasceste. Eras franzino e doente...
E teu pai te abraçou chorando de contente...
– Será doutor! – a mãe disse, e teu pai, sensato:
– Nosso filho será um caboclo do mato,
forte como a peroba e livre como o vento! –
desde então foste nosso e, desde esse momento,
nós te amamos, seguindo o teu incerto trilho,
com carinhos de mãe que defende seu filho!"

Juca olhou a floresta: os ramos, nos espaços,
pareciam querer apertá-lo entre os braços:
"Filho da mata, vem! Não fomos nós, ó Juca,
o arco do teu bodoque, as grades da arapuca,
o varejão do barco e essa lenha sequinha
que de noite estalou no fogo da cozinha?

Depois, homem já feito, a tua mão ansiada
não fez, de um galho tosco, um cabo para a enxada?"
"Não vás" – lhe disse o azul. "Os meus astros ideais
num forasteiro céu tu nunca os verás mais.

Hostis, ao teu olhar, estrelas ignoradas
hão de relampejar como pontas de espadas.
Suas irmãs daqui, em vão, ansiosas, logo,
irão te procurar com seus olhos de fogo...
Calcula, agora, a dor destas pobres estrelas
correndo atrás de quem anda fugindo delas..."

Juca olhou para a terra e a terra muda e fria
pela voz do silêncio ela também dizia:
"Juca Mulato, és meu! Não fujas que eu te sigo...
Onde estejam teus pés, eu estarei contigo.
Tudo é nada, ilusão! Por sobre toda a esfera
há uma cova que se abre, há meu ventre que espera...
Nesse ventre há uma noite escura e ilimitada,
e nela o mesmo sono e nele o mesmo nada.

Por isso o que vale ir, fugitivo e a esmo,
buscar a mesma dor que trazes em ti mesmo?
Tu queres esquecer? Não fujas ao tormento...
Só por meio da dor se alcança o esquecimento.

Não vás. Aqui serão teus dias mais serenos,
que, na terra natal, a própria dor dói menos...
E fica, que é melhor morrer (ai, bem sei eu!)
no pedaço de chão em que a gente nasceu!"

RESSURREIÇÃO

I

"Coqueiro! Eu te compreendo o sonho inatingível;
queres subir ao céu, mas prende-te a raiz...
O destino que tens, de querer o impossível,
é igual a este meu, de querer ser feliz.

Por mais que bebas seiva e que as forças recolhas,
que os verdes braços teus ergas aos céus risonhos,
no último esforço vão caem-te murchas as folhas,
 e a mim, murchos, os sonhos!

Ai! coqueiro do mato! Ai! coqueiro do mato!
Em vão tentas os céus escalar na investida...
Tua sorte é tal qual a de Juca Mulato.
Ai! tu sempre serás um coqueiro do mato...
Ai! eu sempre serei infeliz nesta vida!"

II

"Ser feliz! Ser feliz estava em mim, Senhora...
Este sonho que ergui, o poderia pôr
onde quisesses, longe até da minha dor,
em um lugar qualquer, onde a ventura mora;

onde, quando a buscasse, o encontrasse a toda hora,
tivesse-o em minhas mãos... Mas, louco sonhador,
eu coloquei muito alto o meu sonho de amor...
Guardei-o em vosso olhar e me arrependo agora.

O homem foi sempre assim... Em sua ingenuidade
teme levar consigo o próprio sonho, a esmo,
e oculta-o sem saber se depois o achará...

E, quando vai buscar sua felicidade,
ele, que poderia encontrá-la em si mesmo,
escondeu-a tão bem, que nem sabe onde está!"

III

E Mulato parou.
                              Do alto daquela serra,
cismando, o seu olhar era vago e tristonho:
"Se minha alma surgiu para a glória do sonho,
o meu braço nasceu para a faina da terra."

Reviu o cafezal, as plantas alinhadas,
todo o heróico labor que se agita na empreita,
palpitou na esperança imensa das florestas,
pressentiu a fartura enorme da colheita...

Consolou-se depois: "O Senhor jamais erra...
Vai! Esquece a emoção que na alma tumultua.
Juca Mulato! volta outra vez para a terra,
procura o teu amor numa alma irmã da tua.

Esquece calmo e forte. O destino que impera.
um recíproco amor às almas todas deu.
Em vez de desejar o olhar que te exaspera,
procura esse outro olhar, que te espreita e te
                                                    espera,
que há por certo um olhar que espera pelo teu..."

POEMAS MODERNISTAS

ALELUIA!

O mundo está procurando elaborar
uma mentalidade não cristã. A experiência
malogrará, mas devemos dar prova de
muita paciência na espera desse fracasso.
Devemos também, enquanto isso, resgatar
o tempo: a fim de que a Fé seja guardada
viva através das sombrias idades que hão
de vir; a fim de renovar e reconstruir a
civilização; a fim de salvar o mundo
do suicídio.

T. S. Eliot

A INAUGURAÇÃO

A convite da História Universal
que havia marcado a festa para 21 de Abril,
o Almirante Pedro Álvares Cabral
veio com uma frota de luzidas caravelas
num séquito naval de mastros e de velas,
de estandartes e de cruzes,
de sotainas, alabardas, couraças e arcabuzes
inaugurar a futura República
dos Estados Unidos do Brasil.

A terra se enfeitara das mais raras maravilhas:
pássaros, parasitas, caciques e serpentes,
urros e pios, gritos e cânticos dolentes
e o mar de azulejo
palpitava de pirogas e de quilhas.

Pelas picadas da floresta
foram chegando as delegações da terra:
generais carijós com tangas e miçangas,
coronéis botocudos com escudos,
tocantins com inúbias, bororós com tacapes,
comissões de xavantes, guaicurus e guararapes.

Das curvas bruscas dos rios
em igarapés, tangendo borés, surgiram pajés
bêbedos de sangue tapuia,
trazendo ao almirante português
alvíssaras das tabas tabajaras...

E Pedro Álvares Cabral
para inaugurar a pátria de Washington Luís
fincou na terra uma cruz.

E, de noite, o estelário queimou fogos de artifício
                                    no céu do equador.
E os marinheiros trouxeram de bordo as guitarras
                                    para que dessem à luz
a primeira saudade brasileira...

        (*República dos Estados Unidos do Brasil*, 1928)

O VÔO

Goza a euforia do vôo do anjo perdido em ti.
Não indagues se nossas estradas tempo e vento
desabam no abismo.

Que sabes tu do fim?

Se temes que teu mistério seja uma noite, enche-o
de estrelas.
Conserva a ilusão de que teu vôo te leva sempre
para o mais alto.

No deslumbramento da ascensão
se pressentires que amanhã estarás mudo
esgota, como um pássaro, as canções que tens na
garganta.

Canta. Canta para conservar uma ilusão de festa e
de vitória.

Talvez as canções adormeçam as feras
que esperam devorar o pássaro.

Desde que nasceste não és mais que um vôo no
tempo.

Rumo do céu?

Que importa a rota.

Voa e canta enquanto resistirem as asas.

(*O Deus sem rosto*, 1968)

I
O CADÁVER DO ANJO

Sob os destroços do avião estava esmagado o anjo.

Os homens de Canaveral
concluíram que era um habitante de um planeta morto.

As asas de penas e a estrutura de pássaro
eram porém de uma ave monstro
com o rosto de um jovem lindo
de olhos tão azuis como a poeira celeste
que envolvia seu fluido cadáver.

Os sábios se orgulhavam de haver destroçado o céu
e feito debandar os anjos.

Este, porém, viera protestar contra a invasão do seu
                                                         reino
e denunciar que os homens estavam assassinando
                                                  mitos e sonhos.

Batera na asa do jato supersônico que frechava para a
                                                             lua

e ambos
o Ícaro bélico e o Mensageiro dos deuses
rolaram no espaço
e se espatifaram na lama.

II

O DEUS SEM ROSTO

Fabriquemos, irmãos, um Deus que seja fluido
não tenha rosto nem templo
que viva oculto na ilusão dos seus crentes
porque estão soltos os iconoclastas.

Precisamos de um apoio no vácuo,
uma luz no abismo.

Estão destruídos mitos e deuses
e uma ciência fria esvazia o céu de anjos.

Em seu lugar em torpedos de aço
vagam astronautas farejando a morte
espiando com olhos mecânicos
o esconderijo onde possa abrigar-se o último sonho.

Renunciamos aos derradeiros valores
que amarravam a vida ao ritmo e à ordem.

Não refrata mais o espelho artístico das telas
nossa imagem que elas nos devolvem
espectros e monstros que sem o saber já somos.

Gargalhamos como hienas
sobre montes de cadáveres.

Será que estamos mortos e ainda o não sabemos?

O deus terrestre tem por trono uma cápsula.

É terrível! Explode!

Não o comoverão nosso pânico nem nossas súplicas
nem a oferta dos ossos do mundo.
Ele quer estender seu domínio
até as galáxias
para espalhar no cosmo
morte e lama.

Refugiemo-nos nas catacumbas, irmãos!

Ocultemos o Cristo.

Oremos pelo Deus sem rosto.

III

O CREPÚSCULO

Nesta altura
minha cabeça bate com a fronte nas estrelas.

São imensos mundos de pedra que rolam no espaço
e não luzes de sonho

Querem arrancar meus pés da terra e me catapultar
                                    nas nuvens
como um projétil
coisa superada e alheia ao ordenamento do mundo.

Será necessário erradicar a compreensão da já inútil
                                paisagem terrestre
esfriar no homem o calor da sua família humana
destroçar as raízes do seu passado
matá-lo ou

transmudar-lhe a essência
adaptá-lo ao estilo metálico que a máquina criou?

Eu não sou mais eu nem meu mundo é mais meu
                                        mundo.

Meu vizinho não emparelha mais seus passos com
                                        meus passos
no tédio cotidiano das mesmas ruas.
Vai por diferentes estradas renunciando seu passado
à procura de uma coisa nova
que não sabe o que é nem onde está nem quando a
                                        achará.

Tudo explode!

Na fuga rumo do novo dia
cada prófugo carrega às costas o vazio de uma
                                      ideologia frustrada
as cinzas de uma ciência morta que aprendeu por
                                          milênios
e que não ordena mais seu espírito
nem lhe ilumina os passos.

Na ânsia da superação
homens de todos os quadrantes do globo
acorrem para construir a Babel astral.

Rumam para as galáxias.
tentando cada povo cravar a marca de sua posse
na olímpica inocência de uma estrela.

IV

A BABEL ASTRAL

A maldição de Jeová fulmina a audácia da nova
aventura.
Cai a noite. Confundem-se as línguas.
Rolam das nuvens obreiros desarvorados
balbuciando coisas que ninguém entende.

Talvez tivessem o propósito
de decifrar entre os astros a perdida linguagem
dos anjos
tentando renovar a mensagem da anunciação aos
pastores
na noite da peregrina estrela
para aquietar com a paz
as convulsões do mundo.

Cada povo porém na confusão perdeu o próprio
idioma
passou a tartamudear uma língua estranha
e os mais sábios gaguejam frases que não fazem
sentido

palavras sem nexo
diluídas numa semântica que as torna multívocas
enigmáticas
inoperantes
ocas.

Que é fascismo comunismo democracia ditadura,
                                          liberdade?

Os russos estendem para o mundo fechados punhos
                                          cheios de areia.
A fanática infância dos chineses
ameaça o universo com mãos encharcadas de sangue.

Desce e circula por toda a terra a onda da
                                    incompreensão e do medo.

O medo o medo o medo
O medo...

Instala-se um policial em cada esquina da alma.

A ronda das pressões irracionais patrulha nossa
                                      pávida insegurança.

Todos nos sentimos responsáveis por um crime que ninguém cometeu.

Todos aguardam inocentes uma monstruosa sentença.

Todos temem um absurdo e iníquo castigo.

Quando acabará esta noite?

V

A VIGÍLIA

Entretanto dentro da alma em pânico
palpita uma teimosa esperança.

A lâmpada votada ao Cristo
arde oculta nos subterrâneos da noite escura.

Imersos na confusão, no tédio, no medo, na angústia
aguardamos a alvorada.

Pulsa na alma do mundo
uma anelante espera.

VI

LUZ NA NOITE

Acendamos todas as luzes!

Façamos nós mesmos raiar a alvorada.

Vistamos de novo nossas celestes roupagens humanas.
Somos ainda divinas máquinas de viver e de sonhar.

Sob as ruínas do que foi
ainda estão vivas a infância
o amor
a esperança
a alegria
a fé
o sonho.

Por que havemos de lacrimejar como o profeta leproso
sobre o esterco do mundo
remexendo as cinzas dos cadáveres de Dachau
e os restos podres das rapinagens dos hunos?

O vento levou suas hordas.

                                        Apaguemos seus rastos.

Silenciemos com esquecimento os ululos dos lobos.

Está em nós recriar a inocência do mundo

Que importa o que nos roubaram
si somente Deus poderá tirar nossa divina quota de
eternidade?

VII

ALVORADA

Madruga.

No jardim nasce a rosa.

A manhã é toda azul e ouro.

As crianças brincam nos quintais.

Os homens abrem sulcos na terra e cantam.

Que outros sonhem com a estéril conquista das estrelas...

Aleluia! Aleluia! Aleluia!

Cristo ressuscitou.

(*O Deus sem rosto*, 1968)

ACÚSTICA

Outrora
arqueada sobre a terra
a imensa abóbada de mistério azul
tornava audível apenas ao filósofo-poeta
a música dos astros.

O resto, silêncio.

No chão agreste
surdos rufos de vôos e cânticos de pássaros.

Rumo ao rio
às vezes
o estridor guerreiro da cainçalha acuava a paca
e um tiro triunfal alvoroçava a matilha num alali de
                                                latidos
ferindo de curta morte o silêncio.

Teimoso de novo o martelo das arapongas
reduzia a uma chapa de ouro incandescente
a melancolia das tardes paradas.

               *

Na cidade
a campânula de vidro do sol
bloqueava a modorra dos homens.
                    Dormiam a sesta.

                    Tudo quieto.
Bruscamente
o apito estridente de um trem na estaçãozinha caiada
rasgava em estrias uma nuvem de fumaça
e saía bufando nos trilhos assustado com o próprio
                    grito.

À noite vinha das matas
o quiriri em surdina ninando bichos e pássaros.

S.S.S-SSSSSS

Silêncio. Serenidade. Segurança.

E a serenata, voz de lua:

"Acorda donzela..."

Ó paz dos nervos, ó paz para sempre perdida!

                    (*O Deus sem rosto*, 1968)

O TEMPO
(FRAGMENTOS)

"... somente o presente é."
Santo Agostinho

Ando e não me movo.

Como é vasto este território sensível
de mundos congelados.

Paro ao acaso. Desço num bloco glacial de história
esfervilhante metrópole
a princípio despida de sentido e de linguagem
massa de homens carruagens sinos e trombetas
surda redoma de vidro.

Babilônia? Atenas? Bizâncio? Lutécia?

Como quem brusco destampa
uma caixa acústica, mal identifico e penetro a cidade
o clamor da multidão estronda.

Ajusto meu relógio pela hora
que dá acesso às coisas pretéritas
cidadão retroativo vivendo a vida transata
pórtico do futuro.

País mágico
de fluxo unitário e inconsútil
feito de história e de memória
dormente mas vivo nexo de efemérides eternas.

Em todas as direções
sem caravelas nem acasos
faço descobrimentos.

Cada minuto guarda tua inteira essência, ó Tempo,
e explode se penetro seu mundo congelado contendo
                                                    imanentes
no hoje fugace, o passado e o futuro.

*

Abstrata e surda
na paisagem efêmera das formas
urde a eternidade
e tecido emotivo da história.

Em ti está toda a vida
– da raiz que rompeu com a primeira chuva
ao gesto do meu vizinho ao tomar o volante do seu
                                        pequeno Skoda –

documentário para interpretações ilibadas
bizarro material sempre vivo na sua morte milenária:
Jacó lutando com o anjo
estátua de sal voltada para Sodoma
– ereta saudade do vício –
massas suarentas faiscando relâmpagos

episódios singulares: corifeu destacando-se do coro
– detalhes do friso –
milagres de vivências fungíveis
feitas de pequenas eternidades fugaces.

....

Tempo! Tempo!
Mataste estas vivências
congelando-as em memórias sem dimensões doloridas
lembranças que antes de receber o arrepio emotivo
são frios grafismos mnemônicos
desenhos rupestres
ruínas
esquemas calcificados de monstros
balbucios de criação na linguagem cerâmica
hirtas múmias tatuando nos hieróglifos das rugas
desastres e triunfos e angústia de viver conscientemente.

*

Remonto às origens.

Surpreendo um Deus recurvo sobre o caos incoerente:
fumega o laboratório das plásticas tentativas
na lama originária moldando a energia na forma
fundindo no humano o divino
– matriz do irrevogável tormento –
prodígio que gera a tremenda unidade
em que o eu se transforma em epiderme do mundo.
....

*

Não há mistério para o inexorável
que aguarda imoto e mudo
o cinemático desdobrar do evento.

Tudo em ti se conserva
ofertando à pesquisa
do pensamento inquieto
no mundo retrospectivo
em que guardas indenes paisagens e homens.

Aí, no arquivo implacável,
pode-se reviver a existência às avessas
ter o ser nas suas múltiplas fases:
Napoleão de Austerlitz faiscando de glória
e um jovem corso lívido
de uniforme sungado
pupilas de febre
roído de ambição e de fome.

....

Fluido painel da vida.
onde tudo se inscreve
com desenhos puramente emotivos,
existes somente em nós
– ó Tempo! –
nós, tua origem e medida,
nós a quem conferes
o poder de entrever num minuto
tua eternidade.

(*O Deus sem rosto*, 1968)

GUARDA-NOTURNO
EM QUADRINHOS

A Ronda

    No quadro negro do silêncio
    os ruídos riscam o desenho acústico da noite:
    passos furtivos na grama
    chios de pneumáticos no asfalto
    a caricatura melódica
    da canção curvilínea de um bêbedo
    o trote rítmico dos cavalinhos noturnos
    e a conversa gozada do guarda com a mulata:

    "Bye bye darling...

                        O.k."

Lirismo

    E todas as corolas
    que se haviam fechado como narinas sensíveis
    aos cheiros do dia
    cheiro de gás queimado
    cheiro de turba suarenta
    abrem-se e põem-se a exalar perfumes na noite.

E o guarda-noturno
embriagado pelo aroma
tem uma crise lírica
e tenta tocar uma valsa com o apito.

Os Ecos

Bruscamente
crava na boca um punhal de níquel
e vibra um golpe
profundo e rápido
no ventre da treva

E o cadáver do silêncio
cai pingando
até nos bairros mais longínquos
o sangue dos ecos.

Rendição da Guarda

A alvorada indecisa
dissolve o guarda na garoa.

(*O Deus sem rosto*, 1968)

O RIO

Como saber se existo
se sou um ser que se escoa?
O tempo me mantém vivo
mas me desfaz hora a hora.

Pobre ânfora trincada
meu perfume se evapora.

Um rio em minhas entranhas
rumo ao nada a vida leva.

Pára o implacável curso!

Ó rio do meu sangue, espera!

Não sou minuto a minuto
o que há minutos eu era.

Tento reter a ventura
na trama fluida da hora.

Ó meu sonho, pára, espera!

A ventura foi-se embora.

(*O Deus sem rosto*, 1968)

PÊNDULO

O dia envelhece.

    O cansaço da tarde
estende-o na cama horizontal do crepúsculo.

Dorme.

No escuro silêncio que lhe embala o sono
tem sonhos de estrelas.

Pela manhã o galo o acorda.

Salta do leito reimergido na infância
e brinca de sol na ressurreição matinal de todas as
[coisas.

E o relógio do Tempo
dia e noite
dia e noite
dia e noite
dia e noite
vai tecendo a eternidade.

(*O Deus sem rosto*, 1968)

MENSAGEM

É inútil meu cântico.

Os homens não têm ouvido
para a linguagem das pedras.

Meu mundo é história.

Meus irmãos viraram estátuas.

Os velhos poemas
são hieróglifos que os bárbaros
decifrarão com instrumentos eletrônicos.

No fim se convencerão
que ontem e hoje serão sempre a mesma coisa
e, espantados,
verão que também nós tínhamos
beleza e esperança.

(*O Deus sem rosto*, 1968)

O MONUMENTO

Aclara o anjo a madrugada clara.
Indócil jovem faz-se austero adulto.
A tarde cai. Plasma com mudos gritos
estátua que ainda sofre de esperança.

Os anos vincam rugas nas memórias.
Petrifica-se em dor. Denso silêncio.
Esculpe assim com gestos indeléveis
esse unitário bloco de si mesmo.

Agora é mais passado que presente.
Voam os dias carcomendo a pedra
(projeto de poeira sobre as coisas).

Concluso e imoto nada mais espera.

Pende a cabeça contemplando a terra.

A noite desce sobre o monumento.

(*O Deus sem rosto*, 1968)

O ESPELHO

É um retângulo de luar esquecido no quarto
– que a lua não recolheu na sua pressa noturna
Imitador como um plagiário

E assim rolei pela vida
revezando de outro jeito
o bicho Tangolomango
com meu Arcanjo de prata

(*Revista Brasileira de Poesia*,
nº 4, fevereiro, 1949)

TANGOLOMANGO

O bicho Tangolomango
– peluda carne de sombra,
olhos de escuro e de medo –
rondou toda a minha infância.

Como era? Não sei. Só era
um arrepio em meu corpo
pois na treva era só treva
e na luz ficava nada.

Mas para lutar com ele
nas noites de frio e susto
do céu descia um arcanjo
e me cobria de plumas.

Varava o túnel da noite,
chegava de madrugada:
lascas de sol nos canteiros,
canto de luz nos meus olhos!

decalca servilmente a imagem que reflete.
Não tem memórias. Não guarda
na sua glacial retina indiferente
o brilho de um olhar e a flor de um gesto.
Entretanto
o corpo núbil dela deu-lhe estátuas
miraculosamente lindas!

(*Chuva de Pedra*, 1924)

O ANJO

Terrível presença de asas.

Surges evocado pela angústia
do negado consolo.

No erro irresgatado
fica um rumor de rêmiges.

Revolta? Remorso? Esperança?

Largados sem perdão
– inútil Anjo –
apenas trazes mais viva
a certeza do impossível resgate.

Deixa-nos em paz, ó Anjo,
implacável evocador do destino.

És nossa frustração
a parte gorada de nós mesmos.

Quem nos redimirá
se apenas confirmas a certeza
do paraíso perdido?

(*O Deus sem rosto*, 1968)

BAIRRO DA LUZ

Estão incendiando todas as casas
do bairro com as últimas brasas
do poente de cobre.

Jardim da Luz. Uma sabrada de sol faísca sobre
o casco de um bombeiro
que apaga um incêndio tantálico
no olhar de uma mucama de azeviche
negra e bela como um bárbaro fetiche.

Apita um trem que vai partir para o Nordeste.

Com um fino golpe metálico
um clarim acutila a tarde azul-celeste.

(*O Deus sem rosto*, 1968)

BIOGRAFIA

Eu me encontro chorando
menino sem mãe
no corredor do Colégio.

Depois sob a lua num jardim noturno
esfrolando pétalas de rosa
com lábios inábeis no rosto da Ritinha.

O céu desabou a seus pés
e esmagou minha inocência.

Brotou uma flor escarlate.

Daí nasceu o equívoco confuso
da concupiscência e do sonho.

Nas formas elásticas de coxas e de seios
pairavam almas
evanescente aroma de sonhos e quimeras
exalado da matriz triangular do sexo.

A vida então rompeu de mim
num jorro de anfíbio plasma
– carne e espírito – para conferir
minha quota de eternidade.

*

Vejo-me no tempo
desarticulado em criaturas
– criança adolescente adulto –
com dramas desiguais dentro da unidade de um
                                                                  destino
estranho colar de contas
feitas da mesma esperança e sofrimento
mas sempre diversas ao sol de cada dia.

Ouço o estrupidar de cascos
por estradas de bruma
areias fragosas escarpas
marulho de água em toscas quilhas
trampolins para o salto oceânico
dos périplos pioneiros.

Cidadão do universo
vim vindo no Tempo
através de outros
para realizar com esta alma um avatar misterioso.

*

Quem sou?

A constância instável.

No fregolismo somático
com quantas máscaras reeditei a angústia
o sonho o prazer frágil a dor que dura?

Grego, no dia claro
fui simetria hierática majestade feita ritmo
em dobras de túnicas.

Romano, vi o desbordar de gestos
e espadas alargando um mundo
ululante de galés e de mártires.

Sob ogivas litúrgicas
arrepiou-me o chiar de carnes entre tenazes de brasa,
a surda revolta do castrado inconformismo de
                                            Abelardo
a eloqüência erética das chamas de Savanarola.

Nas cataratas dos comícios
jorrou o dilúvio das revoltas.

Brotaram das multidões turbulentas
gênios libertários
ídolos carismáticos
monstros genicidas.

Depois riscos de fogo rumando para as galáxias
puseram em revoada os anjos de Rafael e de Murillo
– melancólica guarda de um Senhor deposto.

*

Cidadão de tantos mundos
um resíduo de cada um deles ficou como pólen
num cálice a fecundar minha multifaridade.

Aqui estou
– atleta do Tempo –
para entregar a tocha
que me iluminará em outro
dentro de um mundo feito de silêncio e de escombros

ou de esplendor de inesperada aurora.

(*O Deus sem rosto*, 1968)

O DEUS VIVO

Porque és nosso Deus e te fizeste Homem
eles te crucificaram.

Abriram no teu flanco a chaga com a arma
para que teu sangue corresse da ferida
que lhe rasgou o soldado.

Fascinou-os tua palavra nos comícios
Mas riram do paraíso que acenaste.

Sentindo que tua eloqüência era divina
opuseram-lhe o anteparo da
                                   incompreensão humana.

Tua mansão celeste
somente alcançariam com renúncias
mas não lhes deste tua imunidade à fala do Demônio
na tentação da Montanha.

Tudo que podiam conceber de bom de belo de grande
integraram em Ti.
Teu olhar é céu tua voz é música,
tuas mãos fazem milagres.

Entretanto viste que era mister multiplicar pães e
                                                peixes

porque muitas eram as bocas e revolucionárias as
                                                  fomes.
Em Canaã ofereceste mais vinho
pois se de pão carece o homem
muito mais precisa ele de alegria.

Não lhes deixaste a receita do milagre.

Levaste contudo ao céu o grito das suas carências
e a razão dos desesperos.

Eras um Deus inconcluso e aqui te completaste
com a traição de Judas,
a renegação de Pedro,
o sono dos Apóstolos na hora da agonia
e a grandeza do amor terrestre
casto em tua Mãe castíssima
e redimido e puro na impura Madalena.

Voltaste ao céu mais Deus
para ensinar-lhes,
Mestre,
que um Deus não seria Deus
se não houvesse passado
pela dor
e pela morte.

                              (*O Deus sem rosto*, 1968)

NOITE

As casas fecham as pálpebras das janelas e dormem.

Todos os rumores são postos em surdina
todas as luzes se apagam.

Há um grande aparato de câmara funerária
na paisagem do mundo.

Os homem ficam rígidos
tomam a posição horizontal
ensaiam o próprio cadáver.

Cada leito é a maquete de um túmulo
cada sono um ensaio de morte.

No cemitério da treva
tudo morre provisoriamente.

(*O Deus sem rosto*, 1968)

CAROLINA

Ela não fez nenhum ruído quando foi-se embora.

Nós estávamos na varanda esperando.

Quê?

Sua libertação ou a nossa?

A vida é egoísta. Uma agonia é uma corrente
que chumba os sãos
ao remorso de saber que o sol é alegre
e que é bom sorver a luz por todos os poros.

Oh! largar aquele leito, cantar! beber! Fazer besteiras!

Sempre fora humilde e tinha medo de dar trabalho
aos outros.

Quando meu irmão voltou do quarto
disse:

– Ela está morta...

Estava tranqüila, tranqüila, tranqüila...

Saímos para o quintal.

O céu era azul e as flores murchavam sob a força do
sol.
Nenhuma rajada de brisa mexia as folhas paradas.
No céu não se ouvia nenhum ruído.

Ficamos perplexos!

Até seu vôo ela desferira manso e discreto
para não perturbar nem mesmo sono das rosas.

(*O Deus sem rosto*, 1968)

LUNIK

Silente
Selene
sonâmbula
noiva branca
vestida de tule
pisando nas nuvens
com pés de alva neve
cascalho de estrelas.

Meta de anseios
e sonhos.

Na noite numênica
embalas meu anjo.

Virgem imaculada.

Bruscamente
– camélia noturna –
o torpe amor do homem
cospe em tua cútis
com lábios de fogo
seu beijo de lama.

(*O Deus sem rosto*, 1968)

POESIA É OURO

Onde está a poesia?

Na imaginação do garimpeiro
ainda oculta na pepita lasca de luz na quina da pedra
bruta.

Ouro é ouro
mineral na terra, puro. Fundido
não degradado no amálgama embora sofisticado
em molde e moda
no brinco barroco na cintilação do dente
no céu de esmalte de uma boca jovem
concha aberta num sorriso.

Poesia é ouro
carregada de história no cunho da moeda antiga
mística na âmbula, sagrada no romance
do anel nupcial amor alegria sofrimento vida.

Não importa forma ou fôrma não importa o lugar
não importa
se jovem é o ourives ou velho o garimpeiro.

O que vale é a incontaminada essência.

(*O Deus sem rosto*, 1968)

RELÓGIO

Blem Blem Blem

Faltam quinze minutos para meio-dia.

Tic – Vence hoje o prazo para o pagamento do imposto de renda.

Tac – Mao-Tsé-Tung ordena à Guarda Vermelha que trucide as intelectuais de Kiangsi.

Tic – O sábio Sabin desembarca no aeroporto de Congonhas.

Tac – Na praia do Castelinho Maria Clara afrouxa a alça do biquíni e dilui na onda azul um sorriso de cinema. Vinícius anota o mito invertido: Vênus se dissolve nas espumas.

Tic – Da seca máscara de Boumedienne uns olhinhos de derviche desfecham um golpe de alfanje no pescoço épico de Násser que num retrato sobre a mesa de trabalho parece soprar o clarim da Guerra Santa.

Tac – Carlos Lacerda pensa com ternura em João Goulart: "No fundo ele não era tão mau como parecia".

Tic – Enquanto encera o bigode Salvador Dalí imagina uma vasta exportação de tartarugas em cujas carapaças pintará quadros que caminham. Cria a "pintura errante".

Tac –S.S. Paulo VI ajoelha-se ante a efígie de São João XXIII e reza pela paz do mundo. Explodem bombas em Gaza.

Tic – Um advogado convence os índios da Ilha do Bananal que lhe outorguem uma procuração para pleitear junto da graciosa Rainha da Inglaterra uma indenização pelo plágio da minissaia. Os escoceses embargam a petição.

Tac –Cassiano Ricardo termina um novo poema.

Tic – Morrem sete mil crianças no continente africano.

Tac –Ante o espelho De Gaule enruga a fronte carismática e pensa decepcionado na plataforma marítima de uma praia brasileira que ele perdeu na guerra das lagostas.

Tic – Explodem de úteros imunes às pílulas anticoncepcionais vinte mil crianças na Índia.

Tac – Um avião despenca no Ceará. Fulmina o Brasil a perda de um enérgico líder. Apoteótico fim para um soldado.

Tic – Na clínica de Mayo o prêmio Nobel Black-White descobre a cura do câncer. No mesmo instante na Rússia o físico Atomoff anuncia a bomba apocalíptica. Com uma única explosão mandará todo o planeta para os ares.

Blem Blem Blem

Doze badaladas.

É meio-dia.

(*O Deus sem rosto*, 1968)

O PAÍS DE PAPEL

Como encontrar as antigas ruas neste país de papel?

A velha cidade começa a esfarelar-se. Mofo e traças.

Que pensamento vivo morará ainda nas casas destes
    volumes
cujos habitantes, idéias cheias de rugas,
tartamudeiam truísmos sobre o enigma da vida e da
    morte?
Muitos deles estrebucham negados pela crítica
outros já mortos jazem sob o epitáfio dos títulos.

Onde tempo para remexer tantos arquivos reler tan-
    tos alfarrábios
textar tantas controvertidas verdades
desfazer equívocos e corrigir e eliminar tantos erros?

O $E=mC^2$ de Einstein
desmoronou um Himalaia. Sob destroços de cifras e
    cálculos
jazem velhas verdades de Euclides.

O universo se encolhe no índice sintético das siglas
CIAS – SOS – NASA – ONU – JFK.

Como poupar nossos miolos cansados
na busca de verdades que ainda sejam verdadeiras?
Será mister entregar o esforço de fabricar pensamentos
à exatidão metálica dos cérebros eletrônicos?

Quem lê ainda com os olhos?

Desde a infância
por osmose sorvemos do ar sabedoria.
Recebemos o flagrante da hora com socos de manchetes
gritos de locutores.
A informação e a cultura entram em nós sem censura
pela porta aberta dos ouvidos.
                                Até das estrelas
descem vozes ordenando nossos passos.

Quantas paredes das bibliotecas desmoronam?

Montões de idéias mortas atravancam o caminho dos
                                                  vivos.

Os egípcios pirômanos talvez fossem iluminados
                                                revisionistas.

O incêndio da Biblioteca de Alexandria
não reduziu à cinza o cérebro do mundo.

Nada se perde do que se volatiza na cegante fulguração
                              dos incêndios
nem na poeira das demolições e dos saqueios.

São os bárbaros que infiltram sangue novo na terra
                              versátil
esmagando com os pés a velhice dos papiros.

Sua ignorância é reserva de infância. Sua violência,
                              destino.
Renutrem a vida de curiosidade e espírito de aventura.
O resto se monumentaliza em história.
                              Imoto registro
do perene desafio entre as astúcias de um demônio
e as ilusões de um anjo.

Deixemos os bairros mortos das cidades dos livros
para o turismo dos sábios.
Farão a triagem dos arcaísmos
descobrindo raízes verdes entre escombros
a rebrotar novas folhas de civilização e de cultura
na fatal sobrevivência do que é eterno.

A humanidade explodiu.

O múltiplo estilhaçou-se em caos.

Para salvaguardarmos o imemorial tesouro
reduzamos tudo a síntese de coisas vivas.
Vençamos o tempo reduzindo o tempo.

A hodierna Apocalipse
é um cíclico retorno
da renovação da infância
passos irreversíveis do homem
pelas ascendentes curvas da eterna espiral.

(*O Deus sem rosto*, 1968)

*SETE POEMAS INÉDITOS**

---

* Publicação patrocinada pela S. A. Moinho Santista Indústrias Gerais e pela AC&M – Assessoria de Comunicação e Marketing Ltda., 1988.

VELHO RELÓGIO

Já não podia seu metálico coração cansado de transformar em fragmentos o tempo, mudo Cemitério das Horas.

Talvez seja um disfarce do meu orgulho
o constante proclamar da minha humildade.
Ou talvez seja a humildade a causa do meu orgulho?

(1977)

LIBERDADE

Sobre o peitoril da janela uma gaiola vazia.
Vem no ar um perfume das magnólias.
Num galho florido um pássaro canta...

A velhice não é mais que a soma final
do que fomos.

Todos os meus critérios foram criados por mim.
Será que eles coincidem com os dos outros?

Nós passamos...
Não. É o tempo que passa.

A razão do homem é sempre um ponto de vista.
Cada um possui a sua verdade.

Personagens imortais criados pelos gênios
devoram seus autores. Estes são mortais.

São Franscisco e Adolfo Hitler
pertenceram ambos ao gênero humano...

Quando Jeovah criou o Amor com Eva, criou
também o fratricídio com Caim.

Existem fantasmas dentro de nós.
São nossos erros acordados pelos nossos remorsos.

A poesia é algo de inefável que às vezes encontramos até nos versos.

Em nós há uma criança que morre no velho
que nasce.
O pior é que o velho às vezes volta a ser criança.

Quem afinal serei eu?
Aquilo que cada um faz da minha imagem?
Ângulos do múltiplo que somei...
Mas... teriam me conhecido por dentro?

Passado o túmulo do presente. Os mortos ressuscitam apenas nas nossas lembranças. Esquecimento é uma dupla morte.

Na solidão do poeta o silêncio lhe traz a voz do mundo.

BIOGRAFIA

Nasceu em São Paulo, a 20 de março de 1892, orgulhando-se muito de sua cidade, a qual viu crescer e tornar-se uma das "esquinas do mundo" e também de sua origem italiana, da qual exaltava a cultura e a grandeza imperial de Roma.

Sua família mudou-se para Itapira quando o menino Menotti (assim batizado em homenagem ao filho de Giuseppe Garibaldi) contava seis anos. Após alguns anos passaram a residir em Pouso Alegre, onde aos treze anos dirigiu o jornalzinho *Mandu*.

Depois regressou a Itapira, "uma espécie de prólogo de minha verdadeira luta... Tudo o que ali se passou – brigas, amores, trabalhos, ensaios tíbios de futuros vôos – foi uma lenta iniciação na política, nas lidas jurídicas, no amor, em experiências humanas" (*Primeira Etapa* de *A Longa Viagem*). Tão importantes foram os primeiros 20 anos, entre idas e vindas, nesta cidade de sua afeição que muitos críticos e historiadores se equivocam, considerando-a o berço de Paulo (assim registrado por exigência de um padre, defensor de um "nome cristão") Menotti.

De qualquer modo, Itapira não permanece apenas como "um retrato na parede". Depois de trabalhar em São Paulo, onde cursou a destacada Faculdade de Direito do Largo São Francisco, permaneceu mais uma época no município interiorano. Iniciou-se no jornalismo e na advocacia; casou-se (em primeiras núpcias) com Francisca Avelina da Cunha Salles. Tiveram sete filhos: Ulpiano, Hélio, Wanda, Astyria, Miriam, Salamita e Fúlvio, os dois últimos paulistanos. Exerceu as funções de advogado, inspetor de escola e diretor do único jornal, *A Cidade de Itapira*. Mais tarde fundou *O Grito*, com dissidentes do PRP. Definia assim o seu gosto pela política e pela polêmica.

Jamais deixava de passar algum tempo em São Paulo em "viagens de negócios" nas quais se atualizava nos acontecimentos da vida pública, do jornalismo, literatura, música, teatro etc.

Em 1918 transladou-se a Santos onde exerceu o jornalismo e tentou ser cafeicultor (falindo nessa atividade). Trabalhou na *Tribuna de Santos* e conheceu bons amigos: Ibrahim Nobre, Ribeiro Couto, Affonso Schmidt e Galvão Coutinho entre outros. Admirava Martins Fontes ("a criatura mais querida da Terra de Brás Cubas") e Vicente de Carvalho. Orgulhava-se de ter vencido, na condição de advogado dativo uma causa de um cidadão humilde contra um dos figurões mais importantes da região. Trouxera de Itapira "o esboço do poema D. João". Em Santos idealizou a criação de *Máscaras*.

Em 1920, já relativamente conhecido, retorna definitivamente a São Paulo onde irá realmente desenvolver-se e destacar-se até mesmo em âmbito nacional.

Jornalista profissional e dedicado, rapidamente se eleva nesse ramo. Colunista social, de início, logo chega a redator político de *O Correio Paulistano*, após trabalhar no *Diário Popular* ("o jornal das cozinheiras", porém temido pelo governo) e em *A Gazeta*, com o inovador Casper Líbero (o primeiro a descobrir a importância do esporte e do futebol na comunicação com o povo). Através dos jornais Menotti del Picchia passou a defender princípios do Modernismo e do Futurismo (contrabandeados de Marinetti à moda Menotti) e a desenvolver os embriões da Semana de Arte Moderna.

Em 1921 houve um encontro decisivo, um almoço no Hotel Migliore com Oswald de Andrade. Dessa confabulação mais a participação decisiva de Mário de Andrade nasceu a controversa Semana, hoje desprestigiada por muitos críticos literários "brilhantes". Conhecemos a importância do encontro, que não podemos confundir com o modernismo em suas diversas etapas, localidades e vertentes, ou com "os modernismos" numa avaliação mais precisa.

Depois da Semana e suas peripécias, Menotti estabelece sólida amizade com o poeta Cassiano Ricardo, aparentemente tornando-se quase siameses, apesar de algumas diferenças básicas, especialmente a latente devoção de Menotti pela família, pelas tradições (sobretudo as italianas) e até mesmo pela religião cristã. No plano da política (embora Del Picchia se envolvesse com mais entusiasmo) e das polêmicas literárias combatiam qual Castor e Pólux, fundando revistas, divulgando artigos aguerridos, aumentando cada vez mais o proselitismo e o número de leitores e simpatizantes.

Menotti manteve-se leal aos amigos e superiores durante a maior parte de sua vida embora, paradoxalmente sempre soubesse exercer sua liberdade e independência. Nele se concentram e se defrontam as múltiplas contradições do intelectual e político do século XX.

Sempre lutou por seus ideais, destacando-se no empenho pela educação "democrática" e a "revolução sem sangue" (ao contrário das fanfarronadas guerreiras de Marinetti). Conviveu com governadores poderosos de São Paulo, como Pedro de Toledo, Júlio Prestes e Washington Luís (também presidente da República); exerceu elevados cargos na imprensa, como porta-voz oficial (ou semi-oficial) e Diretor de Informação e Propaganda.

Combatido, menosprezado e até esquecido pela imprensa e crítica universitária "de esquerda" por sua participação destacada no Integralismo ao lado de Plínio Salgado e outros e também nos grupos modernistas *Anta* e *Verde-Amarelo* (extensões literárias, em parte, do mesmo Integralismo e do ufanismo brasileiro), com Cassiano Ricardo, Cândido Motta etc., a rica e contraditória existência de Menotti não pode ser omitida pela censura "extra-oficial" nem por um partidarismo estrito.

Sua combatividade e sua busca de novos rumos (às vezes colidindo com sua formação e seus valores mais profundos) devem ser respeitados e compreendidos.

Na vida afetiva, havendo-se afastado da primeira esposa passou os últimos quarenta anos de sua vida na companhia de Antonieta Rude Miller, tornando-se anfitriões importantes de insignes personalidades da política, literatura e cultura.

Teve algumas derrotas e inúmeras vitórias. Mostrou-se, por isso mesmo, muito abalado pela perda de sua filha Wanda e da abnegada Antonieta, em 1974. Elegeu-se três vezes deputado federal, duas pelo PRP e uma pelo PTB, sobressaiu como orador e na Comissão de Assuntos Exteriores. Recebeu dois valiosos prêmios literários: o Juca Pato, em 1968 (por seu livro de poesia nitidamente modernista, *O Deus sem Rosto*) e o Prêmio Moinho Santista de Literatura (poesia), em 1984.

Procuramos reduzir ao mínimo as datas para evitar redundância em relação à bibliografia e à apresentação do autor.

Menotti del Picchia faleceu, após um período de retiro, em 1988, em sua casa da Avenida Brasil, cercado pela dedicação de seus familiares, de acordo com os melhores princípios da "vecchia Italia".

BIBLIOGRAFIA ESSENCIAL

1. **Poesia**

O amor de Dulcinéia (capa: *Amores de Dulcinéia*). São Paulo: Nacional, 1930.
A angústia de D. João. São Paulo: Casa Mayença, 1922.
Chuva de pedra. São Paulo: Hélios, 1924.
Jesus. São Paulo: Nacional, 1933.
Juca Mulato. Itapira: Rodolfo Paladini, 1917.
Máscaras. Ilustr. Paim. São Paulo: Tip. Piratininga, 1920.
Moysés. Poema Bíblico. Pref. Autor, 2. ed. definit. Itapira: Ed. do Autor, 1924.
Noturno. São Paulo: Martins, 1970.
O Deus sem rosto. Introd. Cassiano Ricardo. São Paulo: Martins, 1968.
Poemas. São Paulo: Monteiro Lobato, 1935.
Poemas. Juca Mulato. Máscaras. A angústia de D. João. O amor de Dulcinéia. Moisés. Jesus. São Paulo: A Noite, 1946. (Obras Completas, v. II)
Poemas de amor. São Paulo: São Paulo, 1927.
Poemas do vício e da virtude. Itapira: Ed. Autor, 1913.
Poesias. Sel. do autor. São Paulo: Nacional, 1933.
República dos Estados Unidos do Brasil. São Paulo: Hélios, 1928.

Seis poemas inéditos. Em *Menotti del Picchia*. Miguel Reale; Heloísa Helena Santos Pereira et alii. Rio de Janeiro: AC&M; Moinho Santista (patroc.), 1988.

2. Prosa: romances

Dente de ouro. São Paulo: Monteiro Lobato, 1923.
A filha do inca. Rio de Janeiro: Civilização Brasileira, 1933.
Flama e argila. São Paulo: O Livro, 1920.
Kalum, o mistério do sertão. Porto Alegre: Globo, 1936.
Kunmunká (romance brasileiro). Rio de Janeiro: José Olympio, 1938.
Laís. São Paulo: Tipogr. Piratininga, 1921.
O homem e a morte. São Paulo: Monteiro Lobato, 1922.
A República 3000. São Paulo: Nacional, 1930.
Salomé. São Paulo: Revista dos Tribunais, 1940.
A tormenta. São Paulo: Nacional, 1932.

3. Prosa: contos e crônicas

Contos (*Obras Completas, I*). São Paulo: A Noite, 1941.
O crime daquela noite (contos). São Paulo: Monteiro Lobato, 1924.
A mulher que pecou (novela). São Paulo: Monteiro Lobato, 1921.
O nariz de Cleópatra (crônicas). São Paulo: Monteiro Lobato, 1923.
O pão de Moloch (crônicas). São Paulo: Tipogr. Piratininga, 1921.
Toda nua (contos). São Paulo: A Noite, 1926.

4. Prosa: depoimentos, política

A crise da democracia. São Paulo: São Paulo, 1931.

O curupira e o carão. Co-autoria Cassiano Ricardo e Plínio Salgado. São Paulo: Hélios, 1927.

O despertar de São Paulo (dos séculos XVI e XX). Rio de Janeiro: Civilização Brasileira, 1935.

Ensaio de exposição do pensamento bandeirante. São Paulo: Dep. Public. Da "Bandeira", 1937.

A longa viagem (primeira etapa: 1892-1918). São Paulo: Martins, 1970.

A longa viagem (segunda etapa: 1918-1930). Ilustr. autor. São Paulo: Martins – Cons. Est. Cultura, 1972.

O momento literário brasileiro. São Paulo: Ed. Grêmio Literário Coelho Neto, 1928.

Pelo divórcio. São Paulo: O Livro do Momento, 1935.

Por amor do Brasil (discursos parlamentares). São Paulo: Hélios, 1927.

A revolução paulista através de um testemunho do gabinete do governador. São Paulo: Nacional, 1933.

A "Semana Revolucionária". Colabor. Jácomo Mandatto. Campinas: Pontes, 1992.

Sob o signo de Polímnia. Rio de Janeiro: Serviço Docum. MEC, 1959.

Soluções nacionais. Rio de Janeiro: José Olympio, 1935. (Col. Problemas Brasileiros Contemporâneos)

5. Sobre o autor e o Modernismo

ALVES, Henrique L. *Juca Mulato e a gênese do Modernismo*. São Paulo: Gráfica Sangirard, 1969.

ANDRADE, Mário de. *O empalhador de passarinho.* São Paulo: Martins, 1946.

ANDRADE, Mário de. Pref. de *O homem e a morte.* São Paulo: Martins, 1968.

ATHAYDE, Tristão de. *Contribuição à história do Modernismo, I.* "O Pré-modernismo" e "Primeiros Estudos". Rio de Janeiro: Agir, 1948.

BANDEIRA, Manuel. *Apresentação da poesia brasileira, seguida de uma antologia de versos.* Rio de Janeiro: Ed. de Ouro, 1964.

BERNAL, Emília. *Juca Mulato.* Introd. à trad. Cubana. La Habana: Imprenta de Molina y Compañia, 1940.

BOSI, Alfredo. *História concisa da literatura brasileira.* 3 ed., 4 tir., São Paulo: Cultrix, 1982, p. 415-417.

——. *O Pré-modernismo. A literatura brasileira,* v. V., São Paulo: Cultrix, 1966.

BRITO, Mário da Silva. *Poesia do Modernismo brasileiro.* Rio de Janeiro: Civilização Brasileira, 1968, p. 79-80.

CAMPOS, Humberto de. *Crítica,* vol. III. Rio de Janeiro: José Olympio, 1935.

CORREA, Oscar Dias. *Discurso de posse na A.B.L. Resposta de Afonso Arinos de Melo Franco. Sessão Solene (20 jul. 1989).* Em: *Discursos Acadêmicos, vol. XXV (1985-1990).* Rio de Janeiro: Academia Brasileira de Letras, 1992, p. 115-163.

DANTAS, Julio. Pref. *Juca Mulato. Em Poemas de Menotti del Picchia.* São Paulo: Martins, 1957.

DONATO, Hernani. Introd. *Dente de ouro. O crime daquela noite.* São Paulo: Martins, 1956.

GÓES, Fernando. *Panorama da poesia brasileira*, vol. V. O Pré-modernismo. Rio de Janeiro: Civilização Brasileira, 1960.

⸺. *O espelho infiel*. Col. Ensaio. São Paulo: Comissão de Literatura do Conselho Estadual de Cultura, s.d.

Homenagem aos 90 anos: Menotti Del Picchia. São Paulo: Centro Cultural Franscisco Matarazzo Sobrinho, 1982.

MARTINS, Wilson. *O Modernismo (1916-1945)*. *A literatura brasileira*, v. VI, 2. ed. São Paulo: Cultrix, 1968.

Menotti Del Picchia. Introd. Miguel Reale; Biogr. Ebe Reale; Poesia Paulo Bonfim; Fotogr. Rômulo Fialdini; Projeto Gráf. Eugênio Hirsh; Criação Editor. Heloisa Helena S. Pereira. Rio de Janeiro: AC&M; São Paulo: Moinho Santista, 1988.

MILLIET, Sérgio. *Panorama da moderna poesia brasileira*. Rio de Janeiro: Ministério da Educação e Saúde, Serviço de Documentação, 1952.

MOISÉS, Massaud. *Pequeno dicionário de literatura brasileira*. 6. ed. atualiz. São Paulo: Cultrix, 2001, p. 324-325.

MURICY, José Cândido de Andrade. *A nova literatura brasileira; crítica e antologia*. Porto Alegre: Globo – Barcellos, Bertaso & Cia., 1936.

PONGETTI, Henrique. *A flauta de Pã*. Rio de Janeiro: Irmãos Pongetti, 1982.

REALE, Ebe. *Helios ou Menotti?* São Paulo: Revista dos Tribunais, 1982.

RICARDO, Cassiano. *Viagem no tempo e no espaço (memórias)*. Rio de Janeiro: José Olympio, 1970.
RIBEIRO, João. *Obra Crítica* (Os Modernos). Rio de Janeiro: Academia Brasileira de Letras, 1952.
RÓNAI, Paulo (org.). *Seleta em Prosa e Verso*. Rio de Janeiro: José Olympio; INL-MEC, 1974.
SILVA BRITO, Mário da. *Ângulo e Horizonte* (de Oswald de Andrade à Ficção Científica). São Paulo: Martins, 1969.
───── . *História do Modernismo Brasileiro. I. Antecedentes da Semana Moderna*, 2. ed., revista. Rio de Janeiro: Civilização Brasileira, 1964.

ÍNDICE

Uma poesia entre a tenaz tradição e o futuro em transe 9

POEMAS TRADICIONAIS E PRÉ-MODERNOS

Soneto	21
Torre de Babel	22
Carolina	24
Destino	26
O poeta 2 – Cantiga do sapateiro	28
Canção do meu sonho errante	30
Os ladrões	32
Jardim tropical	33
Saudade	34
Impressão	35
Música	36
Desilusão	37
Língua brasileira	38

Princesa Isabel 40
Mal du pays 42
O discurso 44

POEMAS INTERTEXTUAIS

A angústia de D. João (dramático) (1922) 47
O amor de Dulcinéia (fragmento)
  "O ideal de Sancho" (dramático) (1930) 66
Máscaras (dramático) – O amor de
  Colombina (fragmento) (1920) 79
Moisés (religioso) (fragmento) (1917) 93
Jesus (religioso) (fragmento) (1917) 103

JUCA MULATO

Germinal 113
A serenata 120
Alma alheia 123
Fascinação 127
Lamentações 131
Presságios 137
A mandinga 139
A voz das coisas.. 142
Ressurreição 145

POEMAS MODERNISTAS

A inauguração 152
O vôo 154
I – O cadáver do anjo 156
II – O Deus sem rosto 158
III – O crepúsculo 160
IV – A Babel astral 162
V – A vigília 165
VI – Luz na noite 166
VII – Alvorada 168
Acústica 169
O tempo (fragmentos) 171
Guarda-noturno em quadrinhos 176
O rio 178
Pêndulo 179
Mensagem 180
O monumento 181
O espelho 182
Tangolomango 183
O anjo 185
Bairro da luz 186
Biografia 187
O Deus vivo 192

Noite 194
Carolina 195
Lunik 197
Poesia é ouro 198
Relógio 199
O país de papel 202

SETE POEMAS INÉDITOS

Velho relógio 209
Liberdade 211
A velhice não é mais que a soma final 212
São Francisco e Adolfo Hitler 213
Existem fantasmas dentro de nós 214
Em nós há uma criança que morre no velho 215
Passado o túmulo do presente 216

Biografia 217
Bibliografia Essencial 223

COLEÇÃO MELHORES CONTOS

ANÍBAL MACHADO
Seleção e prefácio de Antonio Dimas

LYGIA FAGUNDES TELLES
Seleção e prefácio de Eduardo Portella

BRENO ACCIOLY
Seleção e prefácio de Ricardo Ramos

MARQUES REBELO
Seleção e prefácio de Ary Quintella

MOACYR SCLIAR
Seleção e prefácio de Regina Zilbermann

MACHADO DE ASSIS
Seleção e prefácio de Domício Proença Filho

HERBERTO SALES
Seleção e prefácio de Judith Grossmann

RUBEM BRAGA
Seleção e prefácio de Davi Arrigucci Jr.

LIMA BARRETO
Seleção e prefácio de Francisco de Assis Barbosa

JOÃO ANTÔNIO
Seleção e prefácio de Antônio Hohlfeldt

EÇA DE QUEIRÓS
Seleção e prefácio de Herberto Sales

MÁRIO DE ANDRADE
Seleção e prefácio de Telê Ancona Lopez

LUIZ VILELA
Seleção e prefácio de Wilson Martins

J. J. VEIGA
Seleção e prefácio de J. Aderaldo Castello

JOÃO DO RIO
Seleção e prefácio de Helena Parente Cunha

IGNÁCIO DE LOYOLA BRANDÃO
Seleção e prefácio de Deonísio da Silva

LÊDO IVO
Seleção e prefácio de Afrânio Coutinho

RICARDO RAMOS
Seleção e prefácio de Bella Jozef

MARCOS REY
Seleção e prefácio de Fábio Lucas

SIMÕES LOPES NETO
Seleção e prefácio de Dionísio Toledo

HERMILO BORBA FILHO
Seleção e prefácio de Silvio Roberto de Oliveira

BERNARDO ÉLIS
Seleção e prefácio de Gilberto Mendonça Teles

AUTRAN DOURADO
Seleção e prefácio de João Luiz Lafetá

JOEL SILVEIRA
Seleção e prefácio de Lêdo Ivo

JOÃO ALPHONSUS
Seleção e prefácio de Afonso Henriques Neto

ARTUR AZEVEDO
Seleção e prefácio de Antonio Martins de Araújo

RIBEIRO COUTO
Seleção e prefácio de Alberto Venancio Filho

OSMAN LINS
Seleção e prefácio de Sandra Nitrini

ORÍGENES LESSA
Seleção e prefácio de Glória Pondé

*CAIO FERNANDO DE ABREU**
Seleção e prefácio de Ítalo Moriconi

*DOMINGOS PELLEGRINI**
Seleção e prefácio de Miguel Sanches Neto

*PRELO**

COLEÇÃO MELHORES POEMAS

CASTRO ALVES
Seleção e prefácio de Lêdo Ivo

LÊDO IVO
Seleção e prefácio de Sergio Alves Peixoto

FERREIRA GULLAR
Seleção e prefácio de Alfredo Bosi

MARIO QUINTANA
Seleção e prefácio de Fausto Cunha

CARLOS PENA FILHO
Seleção e prefácio de Edilberto Coutinho

TOMÁS ANTÔNIO GONZAGA
Seleção e prefácio de Alexandre Eulalio

MANUEL BANDEIRA
Seleção e prefácio de Francisco de Assis Barbosa

CECÍLIA MEIRELES
Seleção e prefácio de Maria Fernanda

CARLOS NEJAR
Seleção e prefácio de Léo Gilson Ribeiro

LUÍS DE CAMÕES
Seleção e prefácio de Leodegário A. de Azevedo Filho

GREGÓRIO DE MATOS
Seleção e prefácio de Darcy Damasceno

ÁLVARES DE AZEVEDO
Seleção e prefácio de Antonio Candido

MÁRIO FAUSTINO
Seleção e prefácio de Benedito Nunes

ALPHONSUS DE GUIMARAENS
Seleção e prefácio de Alphonsus de Guimaraens Filho

OLAVO BILAC
Seleção e prefácio de Marisa Lajolo

JOÃO CABRAL DE MELO NETO
Seleção e prefácio de Antonio Carlos Secchin

FERNANDO PESSOA
Seleção e prefácio de Teresa Rita Lopes

AUGUSTO DOS ANJOS
Seleção e prefácio de José Paulo Paes

BOCAGE
Seleção e prefácio de Cleonice Berardinelli

MÁRIO DE ANDRADE
Seleção e prefácio de Gilda de Mello e Souza

PAULO MENDES CAMPOS
Seleção e prefácio de Guilhermino César

LUÍS DELFINO
Seleção e prefácio de Lauro Junkes

GONÇALVES DIAS
Seleção e prefácio de José Carlos Garbuglio

AFFONSO ROMANO DE SANT'ANNA
Seleção e prefácio de Donaldo Schüler

HAROLDO DE CAMPOS
Seleção e prefácio de Inês Oseki-Dépré

GILBERTO MENDONÇA TELES
Seleção e prefácio de Luiz Busatto

GUILHERME DE ALMEIDA
Seleção e prefácio de Carlos Vogt

JORGE DE LIMA
Seleção e prefácio de Gilberto Mendonça Teles

CASIMIRO DE ABREU
Seleção e prefácio de Rubem Braga

MURILO MENDES
Seleção e prefácio de Luciana Stegagno Picchio

PAULO LEMINSKI
Seleção e prefácio de Fred Góes e Álvaro Marins

RAIMUNDO CORREIA
Seleção e prefácio de Telenia Hill

CRUZ E SOUSA
Seleção e prefácio de Flávio Aguiar

DANTE MILANO
Seleção e prefácio de Ivan Junqueira

JOSÉ PAULO PAES
Seleção e prefácio de Davi Arrigucci Jr.

CLÁUDIO MANUEL DA COSTA
Seleção e prefácio de Francisco Iglésias

MACHADO DE ASSIS
Seleção e prefácio de Alexei Bueno

HENRIQUETA LISBOA
Seleção e prefácio de Fábio Lucas

AUGUSTO MEYER
Seleção e prefácio de Tania Franco Carvalhal

RIBEIRO COUTO
Seleção e prefácio de José Almino

RAUL DE LEONI
Seleção e prefácio de Pedro Lyra

ALVARENGA PEIXOTO
Seleção e prefácio de Antonio Arnoni Prado

CASSIANO RICARDO
Seleção e prefácio de Luiza Franco Moreira

BUENO DE RIVERA
Seleção e prefácio de Affonso Romano de Sant'Anna

IVAN JUNQUEIRA
Seleção e prefácio de Ricardo Thomé

CORA CORALINA
Seleção e prefácio de Darcy França Denófrio

ANTERO DE QUENTAL
Seleção e prefácio de Benjamin Abdalla Junior

FLORBELA ESPANCA*
Seleção e prefácio de Zina Bellodi

PRELO*

COLEÇÃO MELHORES CRÔNICAS

MACHADO DE ASSIS
Seleção e prefácio de Salete de Almeida Cara

JOSÉ DE ALENCAR
Seleção e prefácio de João Roberto Faria

MANUEL BANDEIRA
Seleção e prefácio de Eduardo Coelho

AFFONSO ROMANO DE SANT'ANNA
Seleção e prefácio de Letícia Malard

JOSÉ CASTELLO
Seleção e prefácio de Leyla Perrone-Moisés

MARQUES REBELO
Seleção e prefácio de Renato Cordeiro Gomes

CECÍLIA MEIRELES
Seleção e prefácio de Leodegário Azevedo Filho

LÊDO IVO
Seleção e prefácio de Gilberto Mendonça Teles

LIMA BARRETO*
Seleção e prefácio de Beatriz Resende

JOÃO DO RIO*
Seleção e prefácio de Ítalo Moriconi

PRELO*

Impresso nas oficinas da
Gráfica Palas Athena